普天之下・盡是好書

普天出版家族 Popular Press Family

凌雲 A-Plus Creative Company 文創

Thick
Black
Theory

Thick Black Theory is a philosophical treatise written by Li Zongwu, a disgruntled politician and scholar born at the end of Qing dynasty. It was published in China in 1911, the year of the Xinhai revolution, when the Qing dynasty was overthrown.

厚黑學

把人看到骨子裡的用人心計

完全使用手冊

看人用人篇

薩迪曾說：

從一個人的辦事能力，
或許一天便可看出能力的高低，
但是他心中的善惡決不可妄加揣測，
因為這要經過長久的歲月才能
見出他內心的卑劣。

因此，想要判斷自己所用之人的人格優劣，
千萬別只聽他說什麼？而是要看他實際上做了什麼？
因為，人的眉毛、眼神、面孔常常欺騙我們，
但最能欺騙人的，莫過於嘴裡說出來的話。

Thick Black Theory is a philosophical treatise written by Li Zongwu, a disgruntled politician and scholar born at the end of Qing dynasty. It was published in China in 1911, the year of the Xinhai revolution, when the Qing dynasty was overthrown.

王照 編

【出版序】

現實很殘酷，你必須學點厚黑心術

•王照

人不能只有小聰明，卻沒有大智慧；厚黑學不是教你賣弄聰明、耍奸玩詐，而是教你借用別人的能力，快速達成自己的目的。

現實很殘酷，想在慘烈的人性戰場存活，就必須學點厚黑心術，才能借用別人的能力，快速達成自己的目的。

用點手腕、使點手段，掌握一些厚黑技巧，往往是讓問題迎刃而解的最佳捷徑，同時也是現代人求生自保必備的智慧。

就本質來說，智慧和厚黑的內容是相同的，只不過是同一種應對模式的正反說法，岳飛用的時候，我們稱之爲智慧，秦檜用的時候，我們叫它厚黑。

古往今來的歷史經驗與生活教訓告訴我們：成功的秘訣就是智慧。唯有智慧才能使人脫胎換骨，也唯有智慧才能改變人生！

諸葛孔明向來被視爲智慧的化身，英姿煥發，才智溢於言表，手執羽扇頭戴綸巾，談笑間敵艣灰飛煙滅，何其瀟灑自如！他靠的是什麼？答案是智慧。

《西遊記》中的齊天大聖孫悟空護送唐僧前去西天取經，歷經九九八十一難，上天入地，翻江倒海，橫掃邪魔，滅盡妖孽，何其威風暢快，激動人心！貫穿整部《西遊記》的是什麼？答案還是智慧。

許多世界知名將領身經百戰，洞察敵謀，所向披靡，締造一頁頁傳奇。他們何以能叱吒風雲，在險惡的戰場屢建奇功？靠的還是鬥智不鬥力的智慧。

拿破崙橫掃歐洲大陸，如入無人之境；愛迪生一生發明無人能出其右，廣爲世人稱道，原因都在於他們懂得搭建通向成功的橋樑，擁有打開智慧寶庫的鑰匙。

當你前途茫茫、命運乖舛，輾轉反側卻不得超脫的時候，你需要智慧；當你面臨群丑環伺，想要擺脫小人糾纏之時，你需要智慧。

在你身陷絕境，甚至大禍迫在眉睫之際，想要化險爲夷、反敗爲勝，你需要智慧；在你萬事俱備只欠東風的時候，如何把握機稍縱即逝的良機，你需要智慧。

在你身處險境、危機四伏時，想躲避來自四面八方的暗箭，你需要智慧；在你春風得意馬蹄疾揚的時候，如何不致中箭落馬，更需要智慧。

在十倍速變化的世紀裡，古人所說的「離散圓缺應有時，各領風騷數百年」景況將不復出現，一個人的影響力、穿透力至多只能維持數十年。

我們當中，只有極少部分的人能靠著智慧和不斷自我砥礪，而獲得通往成功的通行證，絕大多數的人都將繼續在失敗的泥沼中跋涉，最後慘遭時代吞噬。

更殘酷地說，從來沒有一個世紀是愚騃無知之徒的世紀——他們充其量不過是歷史煙塵中庸碌的過客，或者任由豺狼宰割的羔羊；他們想擁抱時代，時代卻無情地吞噬、遺棄、嘲弄他們。

無疑的，二十一世紀是智者通贏的世紀，我們既面臨空前無情的挑戰，同時也面臨曠世難遇的機遇。

失意、落敗、悲哀無可避免地會降臨在那些愚騃懵懂、懦弱無能的人身上，這些人將成為時代的棄兒，被遺棄在歷史的垃圾堆。

成功的機遇則會擁抱那些充滿智慧、行事敏捷、勇於進取的人；唯有這些人方能成爲時代的驕子，分享新世紀的光輝和榮耀。

洛克維克曾經寫道：「狼有時候也會保護羊，不過那只是為了便於自己吃羊。」在這個誰低下脖子，誰就會被人當馬騎的年代裡，如果想要生存下去，就要具備厚黑的智慧，既要通曉人性的各種弱點，又要懂得運用爲人處世的技巧。

本書要教導讀者的，就是在人性叢林中成功致勝的修身大法。內容包含兩個層面，一是自我素質的快速提昇，透過吸收書中列舉的借鏡與知識，累聚各式各樣必備的智慧，增進自身的涵養；一是徹底摸清人性，修習爲人處世的技巧，運用機智、適當的手腕，適時發揮本身所具備的才能。

這兩者正是獲得成功的最重要因素，也是決定性的因素。

人不能只有小聰明，卻沒有大智慧；厚黑學不是教你賣弄聰明、耍奸玩詐，而是教你看穿人性、修練人生。如果你不懂得厚黑學，不懂得洞悉別人如何耍弄心機，那麼永遠都只會是人性戰場上的輸家。

01. 保住顏面，才能穩定局面

有時候保住自己的面子，其實是為了大局著想，尤其是領導人物，更應該有這種積極的心理建設。

02. 小心看人，放心用人

如果一個領導者對他所重用的人，還一天到晚干涉他的作為的話，不但是懷疑這個人的能力，也是懷疑自己的眼光。

03.

你有沒有看人的眼光？

懂得看人用人，才不會埋沒人才或小材大用。沒有人是事事專精的天才，領導者所能做的，就是把人才放到適合發揮的位置上。

04. 分清周遭的小人和貴人

在人際問題中，最難掌握的就是分辨到底誰是小人，誰是貴人吧！如果能清楚的分辨這一點，其實自己就已經成功一半了。

05. 心機要用得不露痕跡

最高明的手段是不露痕跡的。任何手段只要形跡敗露，就算最後達到目的，知道實情的眾人也不容易心服口服，自然也不容易管理。

06.

你不得不裝成「聖人」

做事情儘量從大處著眼，不要因為一時的情緒而把自己的形象破壞得千瘡百孔，裝一下聖人，你得到的，會遠比你想像的還多。

07. 把精力留給對你有用的人

與其花時間對付小人，不如想辦法找尋對你有用的人。如此一來，自然會有人幫你應付小人，你成功的機率也會因此大增。

08.

活用戰術，創造自己的優勢

如果你單單依恃先天條件或是前人庇蔭，不再努力增進自己的實力，原有的優勢反而會成為前進的阻礙。

09.

只看表象，就看不清真象

表面上儀表堂堂，其實可能只是個華而不實的草包；光是言論好聽、滔滔不絕，可能不過是巧言令色之徒罷了。

10. 設法把對手變成自己的盟友

想要使難纏的對手成為自己的盟友，摸清他們的習性，然後在他們面前說出有用的語言，無疑是相當重要的。

11. 言之有理，方能達成說服的目的

所謂「上兵伐謀」，首先就是要靠智謀破壞敵人的計劃，若戰略能夠掌握得當，便可不費一兵一卒就達到目的。

12. 腦袋空空，就難免被玩弄

如果不想被他們牽著鼻子走，就不能單單靠著表面現象就去評斷事物，更不能根據外表和言詞去論斷一個人。

13. 不要為了小事，而引狼入室

雖然掃除了心腹大患，對手卻藉此壯大聲勢，局勢由兩相抗衡轉變成敵強我弱，真是所謂「以小失大」。

PART 1

保住顏面，
才能穩定局面

有時候保住自己的面子，
其實是為了大局著想，
尤其是領導人物，
更應該有這種積極的心理建設。

觀察，是為了蓄勢待發

除了行動力之外，知道何時是該停下來觀察的時機，也是不可或缺的一個階段。隨時停下來反省自己、掌握現況，才有助於往後的發展。

春秋時期，楚國的莊王即位已經三年了，卻從來不上朝處理政務，每天只顧著飲酒作樂，完全沒有盡到身爲君王的責任。朝中大臣爲此常常進宮勸諫楚莊王，但是楚莊王不是不理會，就是顧左右而言他，最後甚至還下令，不許大臣再進宮勸諫，違反命令的人，只有死路一條。

大臣成公賈不管楚莊王的命令，還是強行進宮要求謁見楚莊王。楚莊王看到成公賈，就問他：「我不是已經下令，不准大臣進宮勸諫了嗎？結果你還是執意要見我，你是活得不耐煩了嗎？」

成公賈不慌不忙的回答：「大王您誤會了，我這次不是來向您勸諫的。只是，我有一個問題，始終都不明白答案是什麼，因爲我知道大王您聰明過人，所以才特地來向大王請教的。」

楚莊王的好奇心被引起了，就問成公賈：「是什麼難解的問題？說出來聽聽。」

成公賈說：「我聽說在南方的山上，飛來一隻大鳥。令人不解的是，這隻大鳥在山上三年了，可是卻連一次也沒有動過，既不飛也不叫。大家都覺得很奇怪，不知道到底是爲什麼？」

楚莊王明白成公賈的意思，想了想，對成公賈說：「這隻鳥停在山上三年不動，是爲了磨練自己的意志；不飛，是爲了等待自己的羽翼豐滿；至於不叫，是因爲牠還在觀察，找尋適當的時機。這隻鳥雖然沒有飛，但要是飛起來，一定會直衝雲霄；雖然沒有叫，但是只要牠出聲，絕對會一鳴驚人！」

成公賈得到楚莊王的回答之後，把這件事告訴所有大臣，關心國家大事的大臣們也因此放下了心。

果然，沒過多久，楚莊王就下令革除某些官員的職位，開始一連串的改革，從此楚國的國勢蒸蒸日上，成爲諸侯間的強國。

領導者的行動力，在組織裡的重要性是無庸置疑的。但除了行動力之外，知道何時是該停下來觀察的時機，也是不可或缺的一個階段。

停下來的時候，可以反省自己的決策是不是有不當的地方，也可以藉這個機會對組織的環境做更進一步的了解。

組織是會隨著不同的策略而產生不同改變的有機體，因此，隨時停下來掌握現況，才有助於往後的發展。不過，所謂的停下來，並不代表靜止不動，而是蓄勢待發，組織如果完全靜止不動，就跟一灘死水沒什麼差別。在這一點上，楚莊王的作爲就是一個很好的榜樣。

你在意的是人才，還是雞蛋？

許多人在用人的時候，常常幹出拘泥於「兩個雞蛋」而放棄人才的蠢事，只是程度略有不同罷了。在處理日常工作和人際關係的時候，不妨寬容一些，大度一些。

相傳子思住在衛國任職的時候，曾經向衛王推薦苟變。他對衛王說：「苟變的才能足以率領五百輛戰車，不妨任命他為軍隊的統帥。如果您能得到這個人，就可以天下無敵。」

衛王猶豫了一下，說道：「我知道苟變的才能足以成為統帥，但是，他以前當過地方小吏，去老百姓家收賦稅時，吃過人家兩個雞蛋，所以這個人操守有瑕疵，實在不宜重用。」

子思聽了又好氣又好笑，分析利弊得失說：「聖明的國君在選擇人才時，就像木工挑選材料一樣，重點是用它可以用的部分，捨棄不可用的部分，所以像杞樹、梓樹之類的材質，有的縱使已經腐爛了，高明的木匠並不會因此而扔掉它，因爲它有用的部分最後還可以做成精美的器具。現在是兵荒馬亂的時期，更應該選取可堪利用的人才。如果只因爲執著兩個雞蛋就捨棄可以爲衛國所用的將才，這種蠢事絕對不可讓鄰國知道，否則一定淪爲笑柄！」

衛王聽了之後，覺得頗有道理，於是便聽從子思的薦舉，重用苟變爲大將軍。

看人用人厚黑智謀

要不是衛王還有一點智慧和肚量，能夠虛心納諫，就可能會因爲兩個雞蛋而喪失一個不可多得的軍事統帥，而衛國的命運就將以另外一種面貌，出現在春秋時期的歷史上。

事實上，許多人在用人的時候，常常幹出拘泥於「兩個雞蛋」而放棄人才的蠢事，只是程度略有不同罷了。

作爲領導者，尤其是掌握大權的領導者，在處理日常工作和人際關係的時候，不妨寬容一些，大度一些，「糊塗」一些。

有容人的肚量，才會理解一個人的優缺點；理解如何善用他的優點之後，彼此才能進行有效的溝通，塡平橫阻在眼前的各種鴻溝，拉近彼此之間的距離。

如此一來，領導者在衆人心中的威望，自然而然就會提高許多，威信自然就建立了，而且對於部屬來說，也會由於獲得任用而心生感激，把你交付的任務當成自己應該肩負的使命來做。一旦自己的工作做得不好，就會於心有愧，更加認眞努力研究如何將工作做到盡善盡美。

寄望外來的和尚，後果通常不堪設想

寄望外來的和尚替自己誦經，是一般人最容易犯的錯誤行徑。外人因與自身利益無關，勢必不會出盡全力，且多作保留。

戰國時期，有個名叫榮蚡的人，被燕國封爲高陽君，並派任他爲統帥，帶領軍隊攻打趙國。榮蚡很會打仗，趙孝成王得到消息後非常害怕，立即召集大臣商議對策。宰相趙勝想出一個辦法，說道：「齊國的名將田單善勇多謀。不如我國割讓三座城池送給齊國，以此作爲條件，請田單來幫助我們，帶領趙軍作戰，一定可以取得勝利。」

但大將趙奢卻不同意這麼做，他說：「難道我們趙國就沒有大將可以領兵了嗎？仗還沒有打，就先要割三座城池給齊國，那怎麼行啊！我對燕軍的情況很熟悉，爲什麼不派我領兵抵抗呢？」

趙奢還進一步分析說道：「第一，即使田單肯來指揮趙軍，我國也不一定就能取勝，也有可能敵不過榮蚡，那就是白請他來了；第二，就算田單確實有本領，但他也未必肯為我國盡心盡力，因為我國軍隊強大起來，對他們齊國稱霸不是很不利嗎？因此，他不可能會為我國的利益而認真地對付燕軍。」

接著，趙奢又說：「田單要是來了，他一定會想盡辦法把我們趙國的軍隊拖陷在戰場上，如此耽誤下去，不但荒廢時間，而且這樣長久拖下去，幾年之後，便會把我國的人力、財力、物力全部消耗掉，後果實在不堪設想！」

但是，趙孝成王和宰相趙勝還是沒有聽信趙奢的意見，仍然決定割讓三座城池，聘請齊國的田單來當趙軍的統帥。結果，不出趙奢所料，趙國陷入了一場得不償失的消耗戰，付出了很大的代價，只奪取燕國一個小城，卻沒有獲得理想中的勝利。

寄望外來的和尚替自己誦經，是一般人最容易犯的錯誤行徑。

趙孝成王未聽任大將趙奢的話，花了三座城池的代價請來的傭兵統帥，果然未能盡心盡力，縱使沒吃敗仗，但也消耗了趙國原有的軍力守備，如果再有強敵來襲，就無力抵抗了。

用兵貴在神速，長久的消耗戰是最爲致命的，不僅軍心不易集中，軍隊也因長久的緊繃疲累，而達不到原有的戰力。

趙國最大的錯誤在於，不在自己的陣營中尋找適合擔當大任的將才，反而求諸他人，外人因與自身利益無關，勢必不會出盡全力，且多作保留。

事實證明，田單到趙國之後，事事仍以他自己的國家爲先，雖然最後不負所託以勝仗終結，但已將趙軍戰力拖延，再無壯大之力，趙國實在得不償失。

聰明的人，懂得用別人抬高自己

要成為一個優秀的領導者，最重要的就是不要害怕別人比自己好，而能夠用別人的長處，來彌補自己的不足。

春秋時期，有一次，齊桓公問管仲，要找哪些人來輔佐他比較好。

管仲聽了齊桓公的問題之後，回答：「開荒墾田，擴大農耕的範圍，增加國家的收入，這方面我不如寧戚，請您讓他掌管天下農事。而接待各國來使，熟悉各國禮儀，聯絡各諸侯國的感情卻又不失齊國的大國風範，這方面我不如隱朋，請您讓他掌管國家的外交。」

「至於爲了國家的利益敢頂撞大王，卻又對您忠心耿耿，視富貴如糞土，在這方面我不如東郭牙，請您封他爲諫臣，爲您拾遺補缺。在戰場上，能讓三軍將士個個奮不顧身，視死如歸，這方面我不如王子城父，請您讓他掌管天下兵馬。在審理案件時能毋枉毋縱，不冤枉無辜，這方面我不如弦寧，請您讓他掌管天下的刑獄。」

最後，管仲說：「大王如果您要國富民強，有這五位大臣就足夠了。可是，如果您還想要稱霸諸侯的話，我願意爲您效犬馬之勞。」

齊桓公聽完，很高興的說：「那太好了。」於是立刻就讓管仲推薦的五個人分別上任，他們的所有職責，都由管仲來處理。

就這樣，經過十年的努力，齊桓公分別召開了九次諸侯大會，彼此訂立盟約，成爲名副其實的霸主。

看人用人厚黑智謀

管仲最厲害的地方，在於能夠用別人的長處，來彌補自己的不足，當然，這需要很清楚的認識自己才能做到。

因爲，只有很清楚認識自己，領導者才知道自己的長處在哪裡，就不會被私心蒙蔽，願意接納其他的人才。

要成爲一個優秀的領導者，最重要的就是不要害怕別人比自己好。歷史上許多成功的領袖人物，其實自己並不一定是有特別的過人之處，才能脫穎而出，關鍵在於他們的周圍有許多願意聽他指揮的人才。

一個心胸狹窄，見不得別人好的領導人，就算自己是個天才，成就畢竟還是有限；而且爲了得到這些成就，還會把自己累得半死。眞正聰明的領導者，是不會讓自己陷入這種情況的。不信，看看管仲的成就就知道了。

建議考驗你的決策能力

恰到好處的使用各種意見，平衡各種意見矛盾的能力，是一個優秀的領導者不可或缺的特質。

春秋時代，晉文公準備和楚國打仗，雙方對峙於城濮，晉文公問他的舅舅子犯說：「楚軍的人數遠遠超過我們，您看我們該怎麼辦才好？」

子犯回答：「對於有益於百姓的事，就應該以誠爲本。但是，在戰爭時期，對付敵人就應用欺詐的手段。」

晉文公又找大臣雍季商量，並把子犯的建議告訴雍季，雍季說：「把湖水抽乾來捕魚，肯定可以抓到魚，但從此之後就再也沒有魚可捕了；把山林全部燒掉，肯定可以獲得獵物，可是以後卻再沒有獵物可抓了。所以，欺詐的行爲，雖然可以暫時得到利益，但並不是長久之計。」

等到兩軍開戰，晉文公採用子犯的主張，因而打敗了楚軍，在城濮之戰中大獲全勝。但是，等到論功行賞的時候，雍季的功勞卻排名第一。

大臣們覺得很奇怪，問晉文公：「城濮之戰所以能夠勝利，是因爲採用了子犯的建議，如今論功行賞，卻不把他擺在第一位，恐怕難服人心！」

晉文公回答說：「雍季的話，是能有利於後世百代的建議，子犯的主張，卻只是一時的權宜之計而已。哪有將一時的權宜之計，擺在比有利於後世百代之計的地位還要高的道理？」

看人用人厚黑智謀

每個人在生活當中，都充滿著各式各樣的意見。這些意見有好有壞，至於該如何決定，則完全取決於你的判斷能力。

一般人尚且如此，更何況是領導者！領導者所面對的意見一定更多更分歧，而且提出意見的，又都是有才能的人。如果是不同的事件還好，怕的是對同一件事也提出各自不同的意見，而這些意見又都對解決問題有幫助！

這個時候，就可以顯示出一個領導者的眞正能力。因爲，他必須將這些意見放在它們各自適合的位置，讓它們產生應有的作用。

位置的正確與否是重要的關鍵，一旦放錯位置的話，很可能會造成大家對領導者領導才能的懷疑，流失對他的向心力。

由此可見，恰到好處的使用各種意見，平衡各種意見矛盾的能力，是一個優秀的領導者不可或缺的特質。

保住顏面，才能穩定局面

有時候保住自己的面子，其實是為了大局著想，尤其是領導人物，更應該有這種積極的心理建設。

每個人都愛面子，特別是越有成就的人，就越講求面子。有些人爲了保住自己的面子，寧可犧牲自己的「裡子」，因爲他們知道，犧牲一點裡子所換回來的，也許會是更厚的一層面子。

孔子在周遊列國的時候，走到了陳國和蔡國的交界，因爲產生誤會而被圍困在這裡。由於沒有糧食，一連七天都沒有吃飯，只能靠野菜充飢，所有的弟子們都又累又餓，快要支撐不住了，只有孔子一個人還在彈琴唱歌，顯得非常輕鬆。

這時，顏回和子貢、子路到附近尋找野菜。子貢和子路滿腹牢騷地議論說：「老師兩次被魯國趕出國門，在齊國被宣佈為不受歡迎的人，到了宋國還差點被宋國司馬處死，現在又被圍困在陳、蔡的邊界寸步難行。那些要殺老師的人，沒有人治他們的罪，對老師無禮的人也沒有遭受唾罵。可是，老師還有彈琴唱歌的心情，難道是老師不知羞恥嗎？」

顏回聽完，不知道該如何替孔子辯解，只好把這件事稟告孔子。

孔子聽後非常生氣，臉色都變了，把琴一推，長嘆一聲說：「子路和子貢，真是不懂道理的小人！叫他們過來，我有話跟他們說。」

子路和子貢見到孔子之後，子貢還理直氣壯地對孔子說：「老師，我並沒有說錯，現在確實是處於不得志的情況啊！」

孔子一拍桌子，大聲對他們說：「你這是什麼話！品德高尚的人所謂的得志，指的是自己的主張能施行於天下；所謂的不得志，代表的是自己的主張不能施行於天下。現在，我孔丘胸懷仁義，卻因為遇上天下大亂，所以我的處境才會如此，這怎麼能說是不得志呢？在反省的時候不會因違背自己的理想而內疚，在遇到困難時還能不失去自己的品行，這才是一個品德高尚的人啊！」

孔子都已經落魄到這個地步，還漫不在乎的彈琴唱歌，表面上看似輕鬆自在，也許他的心裡，正在叫苦連天。

不過，就算他的心裡再苦，也不能表現在臉上。因爲，他還有那麼多跟隨著他的學生，要是連自己都失去了信心，其他學生必定會跟著亂成一團。

所以，有時候保住自己的面子，其實是爲了大局著想，尤其是領導人物，更應該有這種積極的心理建設，只有保住顏面才能穩定局面。爲自己的面子找理由是無可厚非的行爲，只是看你的理由，能不能被其他人所接受。

做個「賞罰分明」的主管

身為主管，最重要的就是要做到「賞罰分明」。只有依照功勞的大小來對待員工，才能達到組織裡的平衡，提振員工的士氣。

晉國公子重耳在外國逃亡了許久，終於回到晉國繼承王位，史稱晉文公。當他繼位的時候，就開始重賞那些始終忠心耿耿跟隨自己的人，所有的人或多或少都有賞賜，唯獨服侍他的陶孤卻毫無所得，這讓眾人都覺得很奇怪。

對於大家的疑問，晉文公回答：「當我在遭受患難的時候，雖然有許多臣子盡心盡力的幫助我，但是每個人的貢獻都不一樣。能夠用禮義來教導我的，我就應該給他賞賜；勸我多行善事，學習古聖先賢的，我要給他賞賜；提醒我不要安於享樂，鼓勵我上進的，我也要給予相當的賞賜。以上這三種人都是有功勞的人，所以獎賞他們是應該的。」

晉文公接著說道：「可是，陶孤和他們不同，雖然他也是一路忠心耿耿的跟隨我，但是他所做的事情只不過是服侍我而已，對我治理國家沒有太大的幫助，所以這次賞賜中沒有他。」

當周朝的內史官興聽說了這件事之後，感慨的說：「晉國要開始強大了。古代的聖主都是把德義排在第一位，而晉文公的做法正是如此。讓這樣的人來治理國家，就不用擔心成就不了霸業了！」

後來，果然跟官興所料想的一樣，晉文公成爲春秋五霸之一。

看人用人厚黑智謀

身爲主管，最重要的就是要做到「賞罰分明」，只有依照功勞的大小來對待員工，才能達到組織裡的平衡。

在這個講求能力主義的時代，這種做法可以平衡員工的心理，也可以提振員工的士氣。否則，一旦員工所得到的獎勵和他們所做出的貢獻不一致，甚至出現小貢獻竟然得到大獎勵的話，在組織裡很容易引起不滿的聲浪，這種不滿的聲浪，最容易拖垮組織內的平衡。

想要維持員工對組織內部的向心力，領導人的當務之急就是嚴格執行合情合理的賞罰標準。不要以爲偶爾出現「大小眼」的情況沒有關係，等員工爆發不滿情緒之時就已經來不及了。

賞罰不明所造成的後遺症，不但會影響組織的正常運作，身爲主管的你，位子也可能因此不保。

適時認錯，會有意想不到的效果

無意中犯了錯誤，只要坦誠認錯，很容易得到別人的諒解，無損自己的威信。相反的，欺上瞞下的做法遲早都會敗露，搞得你狼狽不堪，下不了台。

適時原諒了錯誤的小人，在最關鍵的時刻，他就有可能變成自己生命中的貴人。

戰國時期的秦穆公，是一個勇於認錯的國君。

有一次，他的一匹可以日行千里的良駒跑丟了，被一群不知情的窮百姓逮住，並殺掉吃了。

當地官員得知後大驚失色，深怕秦穆公氣憤之餘怪罪到自己頭上，連忙將分食過馬肉的三百人都抓起來，準備統統處死。

秦穆公聽到稟報後卻說：「不能因為一頭牲畜而害死這麼多人。」

於是，他將被拘禁的百姓全數釋放，並且誠心向他們致歉，說自己管教不力，才差點讓地方官鑄成處決三百條人命的大禍。

後來，晉國發兵大舉入侵，秦穆公率領軍隊抵抗，這時有三百勇士主動請纓參戰，原來，他們正是被秦穆公釋放的三百壯士。

看人用人厚黑智謀

很多領導者認爲，自己的威信只能立不能挫。

這種想法相當程度誤解了威信的意義，以致於把立威立信誤認爲護短、諉過，一旦自己做錯了事就想盡辦法欺上瞞下，既不虛心認錯、檢討，又不接受別人的批評、建議。

這種領導人的特性是，凡事只能說他好，不能說他壞；只能報喜，不能報憂。

然而，這與掩耳盜鈴有什麼區別呢？

古代有個笨賊，因爲害怕自己在行竊時主人家中的警鈴會發出響聲，所以想了一個自以爲相當絕妙的辦法——把自己的耳朵堵起來，這樣就聽不到鈴聲了。

結果，主人還是抓住了他。原因就在於，他雖然堵住了自己的耳朵，卻無法堵住別人的耳朵。

在大街上不小心冒犯了別人，只要輕輕說聲對不起，就會皆大歡喜；如果舌頭懶得動一下，就可能演變成一場街頭血戰。

同樣的道理，無意中犯了錯誤，只要坦誠認錯，很容易得到別人的諒解，並能贏得大家的信任，更無損自己的威信，有時還會發揮意想不到的效果。

相反的，那種自作聰明、欺上瞞下的做法遲早都會敗露，而且一旦敗露，即使是很小的事情也會搞得你狼狽不堪，下不了台。

這種情形，就是古諺所說的「偷雞不成反蝕米」、「聰明反被聰明誤」。

跟自以為是的上司相處的方法

任何人都會有一點值得別人學習的長處，即使討厭的人也一樣。只要能放大他們的長處，在跟自以為是的上司相處時，就不會這麼難過了。

在一條崎嶇蜿蜒，又都是碎石子的上坡路上，六匹馬正吃力的拖著一輛大旅行車往上爬。這個時候剛好是中午，炎熱的太陽曬得人連眼睛都睜不開了，車主爲了減輕馬的負荷，便叫車上的人，不分男女老幼全都下車走路。

雖然車上沒有人，但是在大太陽底下拉著車走上坡路，六匹馬還是累得氣喘吁吁，步伐也越走越慢。

就在這個時候，不知道從哪裡飛來了一隻蒼蠅。這隻蒼蠅看見馬辛苦的樣子，以爲自己的嗡嗡聲可以讓牠們提起精神，於是就飛到馬的頭上盤旋。

蒼蠅叮叮這個馬，又搔搔那個馬，一點都不安分，不是停在這個馬的頭上，就是停在那個馬的鼻子上。

由於人和馬都很累了，根本沒有力氣去管蒼蠅，蒼蠅就以爲這些馬需要牠的幫助，開始以爲是自己在使這輛馬車前進的，心想這些馬和這些人都是因爲聽到自己發出的嗡嗡聲，讓他們受到鼓舞，才能繼續往前走。

蒼蠅越想越得意，於是表現得越來越積極、越賣力，眞的把自己當成指揮官一樣，指揮著人馬不斷向前。要是人或者馬稍微一停下來休息，蒼蠅就開始抱怨牠那麼努力的爲大家加油，他們卻沒有用同樣的努力來回報牠。

經過一番折騰，好不容易，馬車和人終於到達了坡頂。蒼蠅喘了一口氣，對馬說：「現在我終於可以休息了，費了這麼大的勁兒，我總算讓你們都上來了。」

就有這麼一些人，老是自以爲是，對各種事情都要插一手，經常在別人工作的時候，像蒼蠅一樣在旁邊嗡嗡叫，好像地球上少了他們就會停止轉動一樣。而且，這種令人討厭的人，大部分都是自己的上司。

面對上司，既不能直接表現出討厭的情緒，也無法忽視這種令人不舒服的感覺，那麼只有一個辦法，就是挖掘出他們值得自己學習的地方。

任何人都會有一點值得別人學習的長處，即使討厭的人也一樣。只要能放大他們的長處，在跟自以爲是的上司相處時，就不會這麼難過了。

可以當好人，就不要當小人

當好人，不完全是一件吃虧的事，因為你可以在關鍵的時候用好人的形象成為擋箭牌，擋掉許多也許是你應該承擔的錯誤。

在現實生活中，總是會有一些「好人」存在。他們任勞任怨、熱心服務又對人寬厚，所以就算你對他們有所不滿，也可能不好意思說出來，或者是說了出來，反而會遭人批評，說你欺負「好人」。

這種情形你應該不陌生，以下就是一個這樣的例子。

楚國的使節工尹池，奉命出使宋國，目的是爲了偵察宋國的虛實，便於圖謀攻打。工尹池到宋國之後，宋國丞相司城子罕熱忱帝接見，並爲他舉行盛大的歡迎宴會。在宴會間，司城子罕對工尹池講述一件發生在自己生活中的事。

司城子罕說：「我有兩個讓我困擾的鄰居，南邊鄰居的房子，正好擋住我家的大門，遮住了我向南看的視線；而西邊鄰居的房子地基則比我家高，所以他家的水都從我家門前流過。」

工尹池問子罕，既然貴爲丞相，爲什麼不叫這兩個鄰居搬走呢？

司城子罕回答說：「南邊的鄰居，是替別人做鞋子爲生的。我曾經要他們搬走，但是他們對我說：『我們家靠替別人做鞋餬口已經三代了，如果搬走的話，宋國要做鞋的人就找不到我們了，那我們要如何爲生呢？請丞相發發慈悲，替我們想一想。』因爲如此，所以我不忍心叫他們遷走。而我家西邊的鄰居，房子的地基本來就比我家高，所以水經過我家門前，是理所當然的事。」

工尹池回到楚國，剛好楚王準備集合軍隊攻打宋國，工尹池就勸楚王：「大王千萬不能攻打宋國。宋王才德兼備，丞相又心存仁厚。有才德的人能得百姓歡心，心存仁厚的人則人民都樂於聽命於他。假如楚國攻打這樣的國家，只會徒勞無功，徒然被天下人嘲笑。」

楚王聽了工尹池的話，便放棄攻打宋國的計劃。

看人用人厚黑智謀

當你在各方面都比別人略遜一籌的時候，不妨試試看當個好人，也許會有意想不到的效果，就像故事中的司城子罕，就是以好人的形象使楚王放棄攻打宋國。

當一個好人，不完全是一件吃虧的事，因爲你可以在關鍵的時候用好人的形象成爲擋箭牌，擋掉許多也許是你應該承擔的錯誤。

不管在什麼場合，好人永遠比小人討好，因此，如果情況允許，與其當個千夫所指的小人，不如當個忠厚老實的「好人」。

腦袋不靈光，就要有用人的眼光

要減低賺錢的難度，運用自己的智慧是唯一的訣竅。要看得比別人還要遠一步，才能成就自己的事業。

有兩個年輕人一起到河邊開墾荒地，其中一個年輕人把開墾下來的大石頭砸成小石塊賣給建築商造房子。

另一個年輕人則直接把石頭運到碼頭，賣給大城市做庭園造景的商人，因爲這裡的石頭總是奇形怪狀，他認爲與其賣重量，倒不如賣造型。三年之後，這個年輕人擁有了自己第一間房子。

後來，兩個年輕人在荒地種了果樹，成爲果園。每到秋天，他們總是把堆積如山的水果運往城市販賣。因爲他們的水果品質優良，所以總是能賣到好價錢。

就在大家為水果帶來的財富感到滿足的時候，之前賣造型石頭的年輕人卻把自己的果樹全部砍掉，開始種柳樹。因為他發現，來當地買水果的客人不愁挑不到上好的水果，可是用來裝水果的筐子的品質都很糟，於是年輕人靠著種植柳樹以及編筐子，在五年後擁有自己的第一家店。

這個年輕人的商業頭腦，使他成為當地的知名人士。有一天，一個從城市來的大商人坐火車經過這個小城的時候，聽到這個年輕人的故事，非常佩服他驚人的洞察力，馬上決定聘僱這個年輕人，幫助他拓展公司業務。

當商人找到這個年輕人時，年輕人正在自己的店門口，與對面的店主吵架。

原來，這個年輕人店裡的西裝標價八百元一套，對面的就把同樣的西裝標價七百五十元；他標七百五十元，對面就標七百元。結果一個月下來，年輕人僅賣出八套西裝，可是對面的業績卻是他的十倍。

商人看到這個情形，對年輕人感到很失望，可是，當他弄清楚眞相之後，隨即以驚人的高薪聘用了這個年輕人。

原來，商人發現，對面那家店也是這個年輕人開的。

錢，每個人都喜歡，卻不是每個人都能得到。很多人都抱怨說賺錢很難，但是，如果你願意動動腦筋，賺錢也可以成爲一件不難的事。

要減低賺錢的難度，運用自己的智慧是唯一的訣竅。像故事中的年輕人，就是會用自己的頭腦，看得比別人還要遠一步，所以才會成就自己的事業。

賺錢其實並不難，只要你開啓你腦中的智慧，你就能因此有所成；萬一你的腦袋不是那麼靈光，就必須具備看人用人的眼光，找個精明的人來替你賺錢。

PART 2

小心看人，放心用人

如果一個領導者對他所重用的人，
還一天到晚干涉他的作為的話，
不但是懷疑這個人的能力，
也是懷疑自己的眼光。

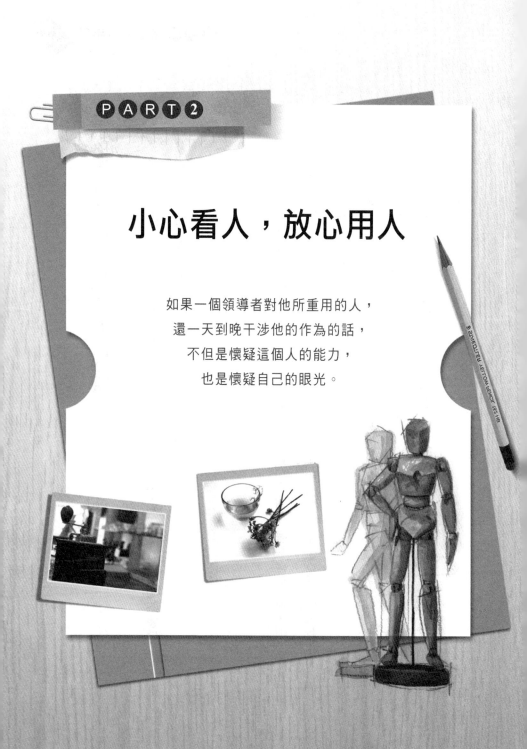

承擔人才所帶來的風險

各行各業中都存在著風險，而人才，也是風險的其中之一。要當成功的領導者，除了要知道避開風險之外，也要懂得何時該承擔風險。

衛國人寧戚聽說齊桓公到處在招攬賢士，頗想到齊國謀個一官半職。由於家裡太窮，籌不出路費，寧戚於是想出一個辦法，就是幫去齊國做生意的商人趕車，這樣他就可以搭便車去齊國。

到了齊國的時候，天色已經黑了，他們只好在齊國的城外找地方住下來，打算等到天亮的時候再進城。

剛好，這天晚上碰巧齊桓公在城外宴請衆大臣，只見照明的燈籠和火把綿延數里，隨從人員不計其數。

這時，寧戚正在餵牛吃草，看見齊桓公這樣的排場，不由得悲從中來，就用木棍敲著牛角，邊敲邊唱：「南山矸，白石爛，生不遭逢堯舜禪，短布單衣適至骭，從昏飯牛薄夜半，長夜漫漫何時旦？」

齊桓公聽到歌聲之後，對左右的隨從說：「會唱這樣的歌的人，絕對不是普通人，怎麼會流落到這裡呢？去把他請過來吧。」

寧戚見到齊桓公後，隨即把握良機，對齊桓公建言該如何治理國家，又向齊桓公獻如何稱霸諸侯的計策。

齊桓公聽完非常高興，於是就要任命他爲大官。

齊桓公的行爲讓其他大臣不服，紛紛上奏說：「寧戚是衛國人，衛國離齊國不遠，您應該先叫人打聽一下他平日的爲人，如果眞的是名副其實的有才之士，再任命他做官也不遲啊！」

齊桓公卻不以爲然，回答說：「如果派人去打聽的話，一定會探查出寧戚先生的缺點。如果只因爲一些缺點就不用他，那不是埋沒一個人才嗎？這是國君之所以會失去天下賢士的原因啊！」

在現代企業中，忠實已經不是選擇人才的唯一標準！如果只以忠實做爲選拔人才唯一標準的話，整個企業頂多只能維持現狀，而無法更進一步。

一個能讓別人稱爲「人才」的人，多多少少都有一些特殊的脾氣和個性。如果領導者只因爲這些脾氣或個性的缺點就放棄他，吃虧的終究還是自己。

齊桓公就是因爲知道這一點，所以才不顧其他臣子的反對，堅持任用寧戚。各行各業中都存在著風險，而人才，也是風險的其中之一。要當成功的領導者，除了要知道避開風險之外，也要懂得何時該承擔風險。畢竟，風險和利益的大小是成正比的，有風險才有利益，利益就是對所承擔風險的相應補償。

齊桓公之所以能成爲春秋五霸之首，道理也就在此。

感謝揭發自己缺點的人

英國文學評家哈茲裡特在自己的札記裡寫著：「比別人有智慧的人，往往比別人更真誠；精神的力量就是敢於正視別人說出的真話。」

扁鵲是戰國時代的名醫，和三國時代的名醫華佗齊名。

有一天，扁鵲有事去見蔡桓公，見面後便對他說：「大王，您生病了，目前病只在皮膚裡面，趕快醫治吧。」

蔡桓公回答說：「不用治，我沒有病！」

十天以後，扁鵲又來見桓公，提醒他說：「大王，您的病已經進到了肌肉裡，再不醫治，病情就會加重！」桓公聽了很不高興，仍不理會扁鵲的說法。

過了十多天，扁鵲再次見到蔡桓公，又說：「大王，您的病已經蔓延到腸胃，再不醫治就危險了！」桓公仍然不理，而且愈加生氣。

又過了十多天，扁鵲前來見蔡桓公，看了幾眼之後，轉身就走。蔡桓公覺得奇怪，連忙派人追問。扁鵲淡淡地回答說：「一個人生了病，病在皮膚、肌肉、腸胃的時候，都有辦法醫治好，但是病到骨髓就沒有辦法了。現在，大王的病，已經擴散到骨髓，我沒有辦法醫治了。」

五天之後，蔡桓公果然遍身疼痛，立刻再派人去請扁鵲，但是，扁鵲知道他已經病入膏肓無法醫治，早就跑到秦國躲起來了，蔡桓公很快就病死了。

看人用人厚黑智謀

英國文學評家哈茲里特在自已的札記裡寫著：「比別人有智慧的人，往往比別人更真誠；精神的力量就是敢於正視別人說出的真話。」

扁鵲三次見蔡桓公，都看出他有病，而且一次比一次嚴重，但蔡桓公卻一再拒不承認，也不肯接受醫治；扁鵲最後一次見到他時，一照面就轉身走了，這是因爲他已病入膏肓，再高明的醫生也無法治癒了。

不論大病還是小病，非得要病人本身願意配合，否則就算是再高明的醫生，都無法加以救治。同樣的，縱使知道自己的缺失、弱點，如果不是自己想要改正，眞心想革除舊弊，那麼別人就算是說破了嘴也沒用，告訴你一千一萬種可以改進的方法，如果你不願意去嘗試，也是枉然。

由此可知，能針對我們的缺點向我們提出建議的人，才是眞正的良師益友，或許他們會撕開我們的傷痛處，但是，這樣的人，其實才是眞正爲我們著想的人。

如果我們像蔡桓公那麼盲目、固執，不肯坦然面對自己的缺乏，那些眞正對我們有所助益的人，必然會紛紛遠離我們，最後蒙受損失的，當然是我們自己。

小心看人，放心用人

如果一個領導者對他所重用的人，還一天到晚干涉他的作為的話，不但是懷疑這個人的能力，也是懷疑自己的眼光。

春秋時代，魯國大臣宓子賤將赴治所亶父上任，但又怕魯國國君聽信小人的讒言，使自己無法順利開展工作，於是在臨行之時，特地請求魯君派兩個親近的記事官跟自己一同去亶父。

到達治所後沒兩天，兩名記事官就回來了，這兩個人對魯君抱怨：「我們當不了宓子賤的書記官。」

魯君問：「爲什麼？」

兩名書記官回答：「宓子賤讓我們記事，卻不停地故意刁難我們！他不給我們時間寫好字，卻反過頭來罵我們字寫得不好，所以我們幹不下去了。」

魯君聽後，長長的嘆了一口氣道：「嗯，這是宓子賤用這件事來規勸我啊！他怕我打亂了他的整體佈局，使他無法按照自己的想法去開展工作，沒有你們兩個人，我差點就犯了大錯！」

於是，魯君就派自己最親近的人到亶父去，對宓子賤說：「從今以後，亶父這個地方完全交給你去處理，凡是有利亶父發展的好想法，你都可以自己決定！」

看人用人厚黑智謀

一個人不可能處理得了所有事情，即使你的能力再強，還是會有力不從心的時候。爲了解決問題，尋找值得信賴的幫手也是考驗一個領導者能力的好辦法。

有一句俗話：「疑人不用，用人不疑。」如果一個領導者對他所重用的人，還一天到晚干涉他的作爲的話，不但是懷疑這個人的能力，也是懷疑自己的眼光。一個整天疑神疑鬼的人，又怎麼能成爲好的領導者呢？

沒有道理的評議可以置之不理

領導者仔細思考每一個反對自己的意見，有道理的就謙虛接受，沒道理的就置之不理，如果太在乎批評，事情只會越弄越糟。

堯帝治理天下之時，伯成子高就被封爲諸侯。後來，堯把帝位禪讓給舜，舜又將帝位禪讓給禹。當禹即位的時候，伯成子高卻堅決辭去諸侯的封號，毅然告老還鄉，靠著種田過日子。

禹不能理解伯成子高的行爲，於是去拜訪他，正巧遇見他在田裡耕作。禹爲了表示謙虛，站在伯成子高的下方，問他：「堯帝在治理天下時，先生您被冊封爲諸侯，幫助他治理國家。爲什麼在我治理國家的時候，您就要辭官退隱呢？您若是對我有不滿的地方，請儘管說出來，我一定會加以改進。」

伯成子高對禹說：「當堯帝在治理天下時，即使沒有獎勵，百姓也都會自動自發；即使沒有處罰，百姓對規定也都心存敬畏，不會觸犯。那時，百姓們不知道什麼是怨恨，民風淳厚，就像初生的孩童一樣的純樸。可是現在，賞罰的條例增加了，百姓卻爲了利益開始不擇手段，即使觸犯法令，遭受刑責還會口出怨言。社會道德敗壞，世風日下，往後的變亂將從現在開始啊！你該做些什麼就去做吧！不要來問我，免得影響我種田。」

看人用人厚黑智謀

連大禹這樣上古有名的賢君，在當時還是有人看不起他。由此可見，世界本來就是這個樣子，有人喜歡你，就一定會有人討厭你，想要當一個人人都喜歡的領導者，根本就是錯誤的想法。

領導者應該明白，一味想要討好每個人，基本上是徒勞無功的，反而會增加弄巧成拙的機會，降低自己的威信。

既然批評的聲音是免不了的，領導者只能仔細思考每一個反對自己的意見，有道理的意見就謙虛接受，沒道理的評議就置之不理，身爲領導者如果太在乎批評，只會使自己無所適從，把局面越弄越糟。

其實，只要自己能夠將所掌握的局面管理得宜，在取得一定成績之後，反對和批評的意見自然就會減少。

批評是聽不完的，你所能做的，只是將它減少而已。

身先士卒才能領導部屬

只有領導者「身先士卒」，才不會落人口實，成為下屬不滿的來源；開明的心態才能夠及時認識到自己的不足，進而加以改正。

戰國初期，趙國國君趙簡子有一次親自率兵攻打衛國。戰爭開始時，爲了自身的安全起見，趙簡子選擇站在離戰場比較遠的地方，以免被流箭射到，還在周圍佈置了許多大型盾牌以防萬一。

趙簡子手持鼓槌擊鼓想要調動士兵向前進攻，但是部隊的士氣始終無法激發起來，經過幾次催動仍舊畏縮不前。看見這種情形，趙簡子不禁嘆了口氣說：「我的士兵怎麼會這麼軟弱？」

剛說完這句話，旁邊就有人大聲說：「有時候，士兵的軟弱是君主的無能造成的，並不是他們自己害怕畏縮！」

這句話讓趙簡子聽了火冒三丈，轉身一看，原來是一個士兵拿著長戈，披著盔甲向前進攻的時候說的。

趙簡子厲聲對這位士兵說：「我身為君主，親自到戰場上指揮士兵作戰，你竟敢說我無能！除非你能說出讓我信服的理由，否則我馬上將你處死！」

這位士兵毫無懼色地回答：「趙國建國以來，都是靠著這群士兵才能打勝仗，怎麼能說他們軟弱呢？現在士兵之所以畏縮不前，是因為大王您躲藏在盾牌後面，不願前進的結果啊！」

趙簡子聽了這些話恍然大悟，馬上撤除身邊保護的盾牌，站在弓箭射得到的地方，再次拿起鼓槌擊鼓指揮進攻。

士兵們看到趙簡子表現出身先士卒、奮不顧身的樣子，果然士氣大振，所有人奮勇殺敵，結果趙國大獲全勝。

趙簡子的做法，正是所有領導者都應該學習的榜樣。因爲只有領導者「身先士卒」，才不會落人口實，成爲下屬不滿的來源。

除了身先士卒之外，開明的心態也是不可或缺的。如此一來，領導者才能夠及時認識到自己的不足，進而加以改正。

無論如何，管理者的一言一行都必須成爲其他人的表率，如果不這樣做，就激不起組織最需要的士氣與熱忱。

一個沒有士氣與熱忱的組織，就等於一盤散沙，是不是能繼續維持都成問題，更不必說奢想成功了。

不要用狗來抓老鼠

分清大材與小材，讓每個人都有足夠的空間發展，是用人的基本準則。把有大志的人束縛在一個小天地裡，那樣只會浪費才華。

古時候，齊國有一個善於相狗的人。一次，他的鄰居請他幫忙買一條會抓老鼠的狗，他過了很久才把狗送給鄰居，並且對鄰居說：「放心吧，這是一條好狗。」

於是，鄰居放心地領了回去，結果養了幾年，連一隻老鼠都沒抓著，鄰居有些懷疑，就把這事告訴給了相狗的人。

相狗人說：「這的確是條好狗，但牠的志向是抓野豬麋鹿之類的大動物，不在於抓老鼠，當初給你狗的時候忘了說這點，真是抱歉。你現在讓牠抓老鼠也不難，只要把牠的兩條後腿用鏈子鏈住就可以了。」

鄰居半信半疑，但還是按著相狗人的方法，回家找了一條鐵鏈，把狗的兩條後腿鏈上，讓牠不能在山野中暢快自由地奔跑，只能在室內活動，過了不久，這條狗果然抓到老鼠了。

看人用人厚黑智謀

對於志向遠大的狗，我們可以採取一些辦法約束牠的才華，以符合實際用處，但如果是志向遠大的才志之士，則應該儘量給以空間讓他去施展。

因爲人比狗聰明許多，人可以約束狗，讓牠符合人的需要，但人和人之間就不一樣了，我們不能也無法把有大志的人束縛在一個小天地裡，那樣只會浪費才華。

狗無法和人相比，我們可以約束狗，讓牠照著我們的意思去做，但人如果受到約束，特別是心存大志的人，他們就會一無所成。

因此，分清大材與小材，讓每個人都有足夠的空間發展，是用人的基本準則。除非是要讓人才自動離開，否則，身爲一個領導者必須要知人善任。

先了解自己的要害所在

在這個小人到處充斥的社會，其實小人並不可怕，可怕的是你不懂得善用小人對你有幫助的一面，將他變成自己生命中的貴人。

爲人處世的眞諦在於先明瞭自己的要害所在，適時借重小人的優點、長處彌補自己的不足，然後在合理的範圍之內儘量容忍他們的缺失。

明朝開國元勛劉伯溫所著的《郁離子》裡面，有這樣一個貓與老鼠的故事。

趙國有戶人家鼠災成患，於是就去中山國向人討了一隻貓。

中山國的人給他的這隻貓很會抓老鼠，但也喜歡偷雞吃。過了一段時間，趙國人家中的老鼠被這隻貓捉光了，但是雞隻也全部被牠咬死了。

他的兒子就問他說：「爲什麼不把這隻貓趕走呢？」

這個趙國人回答說：「這你就不懂了，我們家最大的禍患在於老鼠成災，而不在於沒有雞。老鼠專門偷吃我們家的糧食，咬壞我們的衣服，鑽通我們的牆壁，毀壞我們家裡的器具，我們就得挨餓受凍，難以生存下去。也就是說，沒有了雞，我們頂多不吃雞蛋、雞肉，但是趕走了貓，我們連生存都成了問題，既是如此，爲什麼要將貓趕走呢？」

這個趙國人是個明智、有頭腦的人，他深知貓所帶來的好處遠遠超過牠所造成的損失，所以他並不主張將貓趕走。

看人用人厚黑智謀

日常生活中或工作場合裡，確實有不少像中山貓那樣的小人。

如果，我們只盯住他們某方面的毛病或弱點，而以偏蓋全，或者將他們掃地出門，那麼環顧左右，你將找不到可用的人才，而成爲一個沒有兵士隨行的光桿司令，無法成就一番大事。

《郁離子》的這篇故事教導我們，要做大事，就需要綜觀全局，衡量利弊得失，但是要了解自己的要害所在，千萬不可糾纏在小事之中，把自己搞得心亂如麻，因爲心一旦混亂，就絕難在工作上或競爭中獲勝。

因此，想要聰明的領導者就要懂得適時大膽起用「中山貓」，只要設法將自己的「雞」關好就行了。爲人處世的道理也是如此。

美國作家霍伊曾說：「一個有利用價值的小人，抵得過兩個以上的普通朋友。」

的確，在這個小人到處充斥的社會，其實小人並不可怕，可怕的是你不懂得善用小人對你有幫助的一面，將他變成自己生命中的貴人。

讓步，也是管理的藝術

適度的讓步，雖然失去了面子，可是卻得回了裡子。這種皆大歡喜的結局，是每個領導者在處理問題時必須謹記的原則。

秦惠公的兒子兩歲時繼承王位，群臣們稱他爲幼主，由他的母親在背後把持朝政。由於他的母親信任太監，導致朝綱惑亂，朝廷上有才華而不願同流合污的人都隱退了，百姓們也都怨聲載道。

當時，公子連逃亡在魏國，聽說國內的情況混亂，就想回國奪權。

到了華山的關口時，把守城門的大將右主然不允許公子連進入，對他說：「忠臣不事二主，現在國內君主雖然年紀小，但仍然是一國之君，我只能爲他效忠，公子您還是從別的地方走吧。」

公子連沒辦法，只好改道到了翟國，從翟國邊境進入秦國。幼主的母親聽到公子連入境的消息，大驚失色，以抵禦敵人的理由命令軍隊馬上開往邊境。結果到了邊境後，官兵反而把公子連擁立爲國主。

公子連帶領部隊趕回都城，幼主母親沒有辦法，只好自殺，公子連自立爲獻公。這時，百官朝賀，公子連想起當時在華山關口被右主然拒絕入關的事，於是想把他抓來治罪，以洩心頭之恨，而想獎賞在翟國邊境關口把守的菌改。

這時，大臣監突勸諫秦獻公，說道：「千萬不能這樣。秦國還有許多公子流亡在外，如果大王您懲治了右主然，那其他公子也都可以輕易回國與大王爭奪王位，那時國家就會大亂了。」

秦獻公認爲有理，於是將菌改賞賜後調離關口，另外給他一個職位，而右主然也被原諒，秦獻公並大加獎賞，要其他關口守將向他學習。

右主然秉公辦事，並沒有因公子連可能成爲將來的國君而討好他，如果公子連繼位後出於私心懲治了右主然，那其他官員就會對這位國君的信任產生動搖，公子連也會因此失去一個忠心耿耿的臣子。

由此可見，拋開個人好惡，適度的讓步，才能讓別人對你心悅誠服。不論公子連是眞心原諒右主然，還只是爲了權位才不得不做出的決定，他的這種做法，爲他的統治地位打下穩固的基礎，雖然失去了面子，可是卻得回了裡子。

這種皆大歡喜的結局，是每個領導者在處理問題時必須謹記的原則。

別讓依賴成為習慣

俗話說：「天助自助者。」一味的依賴別人，只會遭到別人的反感。而且一旦依賴成習慣，對自己只有壞處，不會有任何好處。

你的性格表現在行動裡，而你的行動則看在上司的眼裡，想要成爲一個獨當一面的重要人物，晉升到更高的位階必須要有勇於任事的精神。

一個趕著馬車送貨的車夫，走到半路，不小心把車輪陷進了泥坑裡。因爲車上載滿了貨物，所以只靠馬的力量是沒有辦法把車輪從泥坑裡面拖出來的。車夫想找人幫忙，可是這個地方又是偏僻的山路，不要說村莊了，連人都很少經過。

車夫等了半天，還是一個人也沒有見到。車夫想到自己還趕著要交貨呢！於是著急地咒罵起來了。

他罵這裡爲什麼會有泥坑，又罵馬兒實在太沒有用，罵了半天，無計可施的他只好開口向上帝請求。

車夫向上帝懇求：「仁慈的上帝，請您幫我把我的車從泥坑中拖出來吧！因爲您是萬能的，所以這件事對您而言，應該只是舉手之勞而已。」

車夫才祈禱完，就聽見上帝從雲端對他說：「你要先自己動腦筋想辦法，要是眞的不行，我才會幫助你。你先想想，你的車爲什麼會陷進泥坑裡？先用鋤頭將每個車輪周圍的泥漿和爛泥挖開，再砸碎一些石頭，塡在泥坑和車輪之間。」

車夫聽了上帝的話，就拿起鋤頭照上帝的指示去做。過了一會兒，上帝問車夫：「我要你做的事，你都做好了嗎？」

車夫回答：「是的，我都做好了。」

「很好。」上帝回答：「現在，你可以拿起鞭子趕車了。」

「我拿起來了，咦……這是怎麼回事？我的車一下子就走出泥坑了！無所不能的上帝啊，您眞行！」

這時上帝回答說：「你瞧，你的馬不是很輕鬆地就離開泥坑了嗎？遇到困難的時候，要先自己想辦法解決，不要老是想依靠別人，這樣自己動腦筋想辦法，老天也才會助你一把。」

俗話說：「天助自助者。」遇到任何困難都一樣，先自己想辦法解決，試過各種辦法，眞的無能爲力的時候，再請求別人幫助也不遲。

這樣一來，不但可以訓練自己如何面對各種突如其來的危機，別人也會因爲看到你的努力，而更加願意幫助你解決困難。

此外，你的上司也會因爲你具有主動積極的精神而提拔你。一味地想要依賴別人，只會遭到別人的反感。而且一旦依賴成習慣，對自己職務上的升遷只有壞處，不會有任何好處。

不要把老實用錯地方

忠厚老實是很好的美德，但是不要用錯了地方；在險惡的環境之下，唯有壓低自己的身段，才是聰明的自保之道。

一場可怕的瘟疫在森林裡蔓延開來，許多動物都因為染上瘟疫而死亡，森林裡到處都是因為瘟疫而暴斃的動物屍體，不然就是奄奄一息的垂死動物。

原本充滿活力的森林因為瘟疫的關係而死氣沉沉，動物們都無精打采，鳥兒不唱歌了，野獸們也都失去了獵食的興趣，整個森林籠罩在瘟疫的陰影裡。

獅子看到森林這種情形，就召集所有的動物們，說道：「森林裡之所以會發生瘟疫，可能是因為上天對動物的行為不滿，所以才用瘟疫來懲罰我們。既然如此，我們就把自己曾經做過的壞事都說出來，讓所有的動物們評論。誰做的壞事多，我們就用牠來當作祈求上天原諒的祭品，你們說好不好？」

所有的動物都贊成獅子的想法，可是卻沒有一個動物願意先說出自己所做的壞事。獅子看到這個情形，只好率先說：「既然你們都不肯說，那我就先說吧。我承認，爲了滿足口腹之慾，我吃過許多羊，有時甚至連牧羊人都吃了。希望你們都能像我一樣主動認罪，這樣才能做出公正的裁決。」

善於察言觀色的狐狸，看到獅子的表情，便開口說：「您的坦白讓我們所有的動物都感到慚愧，大家也都知道您愛護臣民的偉大精神。您只不過是吃了幾隻羊而已，牠們又笨又沒用，留在世界上也沒什麼好處。您吃了牠們，才是發揮了牠們的用處，這怎麼算有罪呢？至於那些牧羊人，則是咎由自取，如果他們不阻擋您，又怎麼會被吃掉呢？」

狐狸爲獅子開脫罪責，獅子非常高興，其他動物也因此都不敢去追究像老虎、熊等猛獸的罪行。一切肉食動物，就連普通的獵狗，都變成了「聖人」。

最後，輪到不吃肉的動物們說話了，老實的驢子說：「我有一次經過修士的草地，因爲很餓，就吃了一點修士的青草。」

話才說完，驢子就被動物們抓起來了，大家交相指責說，都是因爲牠偷吃修士的草，才會惹來瘟疫。驢子就這樣，成爲祭祀上天的祭品！

看人用人厚黑智謀

在某些險惡的環境之下，不要傻乎乎的不識時務；唯有懂得察言觀色，壓低自己的身段，才是聰明的自保之道。

所謂壓低自己的身段，意思就是不要強出頭，因爲就算你說的是合情合理的實話，在這樣的環境裡還是會遭殃，老實的驢子就是一個很好的例子。

忠厚老實是很好的美德，但是不要用錯了地方；跟一群兇神惡煞講忠厚老實，只會落得淪爲祭品的下場。

小心外表溫和善良的人

不要只顧著防備眼前比自己強的人，不用擔心他們會暗箭傷人。在背後反咬自己一口的，往往都是那些外表看起來「溫和善良」的人。

有一隻老鼠覬覦兔子的窩巢很久了。這一天，老鼠趁兔子外出散步的時候，大搖大擺地搬進了兔子的家。

等兔子回到家，發現老鼠正舒舒服服地躺在自己的床上，很生氣的說：「這是我的家，你憑什麼隨隨便便闖進來！快給我滾出去，不然我就對你不客氣了！」

老鼠看見兔子這麼生氣，也不甘示弱的回答：「你憑什麼說這間房子是你的？既然現在是我住在這裡，這間房子當然是我的啊！」

兔子被老鼠的狡辯氣得說不出話來，就跟老鼠說：「好，既然你這麼不講理，那我們就去找黃鼠狼先生來爲我們做裁判好了。」

老鼠覺得這樣也好，於是就和兔子一起到黃鼠狼的家，請牠來評定這個房子到底應該屬於誰的。

這隻黃鼠狼和其他的黃鼠狼不同，不但不吃肉，還像隱士一樣，過著清心寡慾的修行生活，外表溫和善良，專門負責爲動物們解決疑難問題。兔子和老鼠來到黃鼠狼面前，把問題告訴黃鼠狼，請牠來裁定房子應該屬於誰的。

黃鼠狼聽完老鼠和兔子的問題，慈祥的對牠們說：「我親愛的孩子，你們靠近一點來說吧，我的年紀大了，聽不清楚你們在說些什麼。」

兔子和老鼠不假思索的走到黃鼠狼面前，還沒開口說話，原本和藹可親的黃鼠狼突然露出猙獰的面目，以迅雷不及掩耳的速度一把抓住兔子和老鼠，兩三下就把牠們吞進肚子裡。於是，可憐的老鼠和兔子，就這樣成了黃鼠狼的晚餐。

一般而言，外表溫和仁慈的人，比較不會引發自己的戒心和防範，因爲我們常常會以爲這種人對我們是沒有威脅的。

可是，事實上，現實情況和想像總是存在著落差，在背後反咬自己一口的，往往都是那些外表看起來「溫和善良」的人。

領導者不要只顧著防備眼前比自己強的人，因爲他們以自己的能力爲傲，不會多費心機地僞裝自己，反而不用擔心他們會暗箭傷人。

應該小心提防的，反倒是那些平常表現得唯唯諾諾，對你言聽計從，看起來沒有什麼威脅性的人。

PART 3

你有沒有看人的眼光？

懂得看人用人，
才不會埋沒人才或小材大用。
沒有人是事事專精的天才，
領導者所能做的，
就是把人才放到適合發揮的位置上。

學會和合不來的人相處

跟你合不來的人，卻總是掌握著你的生殺大權，所以學習如何跟合不來的人相處，是職場的必修科目。

春秋時期，管仲得罪了魯國的國君，於是遭到囚禁。管仲的好朋友鮑叔牙知道了這個消息，就去請齊桓公營救管仲。

這個時候，剛好齊桓公想任命鮑叔牙爲宰相。鮑叔牙一聽，搖頭說：「如果您想稱霸諸侯的話，就只能任命管仲爲宰相，我的能力實在不如他。」

齊桓公大怒，說道：「你難道忘了嗎？他是公子糾的手下，在爭奪王位之時，我曾經被他射了一箭，差點被他殺了，我怎麼可能任命一個想殺我的人做宰相！」

鮑叔牙跟齊桓公解釋：「那時，管仲是爲了他的主公才拚命的，您要是成爲他的主公，他也會爲您拚命的。」

齊桓公不聽鮑叔牙的解釋，還是強行任命鮑叔牙爲宰相，鮑叔牙見狀雖然勉強答應，但就是拖延著不去上任。

後來，齊桓公在鮑叔牙再三勸說下，才終於明白管仲是一個不可多得的人才，於是決定救管仲，並任命管仲爲宰相。

齊桓公派使者到魯國，對魯國國君說：「我跟管仲有仇，所以請你把管仲交給我處置！」魯國迫於齊國的勢力，只好把管仲交給齊國。

當管仲像個犯人一樣被關在囚車押解到齊國邊境時，齊桓公早就準備好以接待上賓的禮節迎接管仲。

管仲到了齊國國都，齊桓公馬上下令祭祀祖先。在祭拜祖先時，齊桓公向上天祝禱：「齊國能得到管仲這樣的人才，全賴列祖列宗的保佑，看來，齊國離稱霸諸侯的日子，已經不遠了！」

祭拜完畢，齊桓公隨即任命管仲爲宰相，輔佐他治理齊國。後來，管仲果然也不負所託，讓齊桓公成爲春秋五霸之一。

對上班族而言，人際關係往往是左右自己升遷的其中一個關鍵。不論是同事或上司，不見得都是跟自己合得來的；合得來當然不會有問題，遇到合不來的就比較麻煩了。

遇到這種情形，最重要的是，不要只因合不來就排斥或討厭這個人，這樣做也許能得到一時的痛快，可是隨之而來的懊悔可是會存在很久的。

弔詭的是，跟你合不來的人，卻總是掌握著你的生殺大權，所以學習如何跟合不來的人相處，是職場的必修科目。

畢竟，在現代社會中，想要交到像鮑叔牙一般了解自己、又心胸寬大的朋友，並不是一件容易的事。

不要聽信「狗」說的話

小人是無所不在的，尤其領導者的身邊，一個聰明的領導者，是懂得如何用「狗叫」來讓自己的心情愉快，卻不會聽信「狗話」的人。

春秋時期，楚平王手下有個大臣叫費無忌，極不情願讓太子建繼承王位，所以處心積慮地想辦法，要將太子建除去。

太子建逐漸長大，已經到了談論婚嫁的年齡，經過精心挑選，看中了一個秦國的美麗女子，楚平王就為他將這名女子娶過來。

費無忌一直為無法除掉太子而發愁，看到太子娶了一個漂亮的妻子，心中有了一個主意。他透過各種途徑勸說楚平王將太子的妻子佔為己有，起初，楚平王不同意，但後來經不住費無忌的花言巧語，終於心動，將太子妻奪了過來，於是父子之間的關係開始疏遠。

這件事之後，費無忌又以圖謀楚國霸業為藉口，力勸楚平王派太子去駐守北方的軍事重鎮，楚平王又同意了。

過了一年，費無忌跑到楚平王面前誣告太子密謀叛亂。

楚平王不相信，說：「他是我的兒子，王位將來是他的，爲什麼要叛亂？」

費無忌說：「您奪了他的妻子，他怎麼會甘心呢？加上齊國和晉國在一邊搧風點火，還有什麼值得懷疑的地方！」

楚平王聽信了費無忌的讒言，太子建只好逃亡到鄭國去。

楚國還有一個大臣，因爲很受百姓愛戴而使費無忌嫉妒，頗想把他除掉。於是挑撥他和他的上司子常的關係，子常也因此把這個人殺掉了。

結果百姓大怒，紛紛指責子常，子常非常惶恐，只好聽取別人的意見把費無忌殺掉，才平息衆怒。

不管在什麼團體或組合，小人是無所不在的，尤其領導者的身邊，更是充斥著許多「狗仗人勢」的小人。

只要是人，都難免會被甜言蜜語迷惑，而這些正是小人擅長的伎倆。如果用狗來形容，當小人在說甜言蜜語時，就像小狗在對主人汪汪叫的表示親熱。

所以，一個聰明的領導者，是懂得如何用「狗叫」來讓自己的心情愉快，卻不會聽信「狗話」的人。

想想看，一隻狗，又怎麼會說出人話呢？

慌張，也不要讓別人看見

如果領導者的心理素質不好，一出現雜亂的情形就心慌意亂的話，那其他人員也會跟著亂了陣腳而失去思考能力，從而導致組織崩潰。

齊襄公在位的時候，很不喜歡一個叫公孫無知的大臣，為了讓公孫無知自動辭官，齊襄公甚至停止發放公孫無知的俸祿。

公孫無知明白在這種情形下，要有一番作為是不可能了，於是一不做二不休，藉機聯合黨羽發動政變，一舉殺掉齊襄公，自己登基為王。

齊襄公的兩個兒子公子糾和公子小白，知道自己的力量不足以和公孫無知對抗，於是兩人分別出亡。

公子糾逃到魯國，後來即位為齊桓公的公子小白則到莒國去避難。

過了一段時間之後，公孫無知不得民心，因而被百姓發動政變推翻，出亡在外的兩個公子接到消息，隨即趕回齊國，準備繼承王位。以當時的局勢而言，誰先回到齊國，誰就可以繼承王位，所以兩個人都快馬加鞭的想比對方早一步回來。沒想到進入齊國境內，兩個人就狹路相逢。

這個時候，管仲爲了斬草除根，拿起弓箭就向小白射去，正中小白的腰帶。當時爲小白駕車的鮑叔牙，看見情況不利，急中生智，連忙要小白假裝中箭身亡。

管仲不知道公子小白將計就計，就對公子糾說：「這下，您可以放心回去繼承王位了，公子小白已經被我射死了。」

公子糾很高興，就放鬆心理警戒，速度慢了下來。鮑叔牙便趁公子糾鬆懈的時候，載著小白急馳入宮，搶先一步繼位爲齊國國君。

看人用人厚黑智謀

一個領導者要想做到臨危不亂，需要有很好的心理素質。對於慌亂的現場能夠頭腦冷靜地分析清楚，什麼是虛張聲勢，什麼是眞正的危險，並立即做出正確的決斷，以迅速扭轉不利的局面。

以故事中的情況而言，相信不論是鮑叔牙或是公子小白，突然遇到管仲冷箭攻擊，心中一定會感到慌亂和緊張。但是，因爲他們在關鍵時刻掩飾得很好，最後才得以比公子糾早一步奪下王位。

可見，如果領導者的心理素質不好，一出現雜亂的情形就心慌意亂的話，那其他人員也會跟著亂了陣腳而失去思考能力，從而導致組織崩潰。

別被「美麗的謊言」沖昏頭

管理者一定要明白自己真實的情況，不能被周圍那些想討好自己的人的美麗謊言所迷惑。

齊宣王想讓淳于髡當太子的老師，淳于髡覺得自己沒有資格，就對齊宣王說：「我的能力還不夠當太子的老師，您還是另外選一個年紀比我大，又比我有智慧的人來擔當這個重任吧！」

沒想到，齊宣王竟然這樣回答：「哎呀，你就不要推辭了，我不是爲了讓太子的能力將來超過我，才任命你當太子的老師。我的知識和能力天生就很強，世界上是沒什麼人可以比得上我的，你只要把你所知道的教給太子就行了，難道你還想把他教得像我一樣賢明嗎？」

齊宣王高傲自大的言行舉止，還有另外一個故事可以證明。

齊宣王喜歡射箭，所以對於射箭的弓也很講究，每次射箭的時候，他就會向旁人誇耀自己能拉動百石的強弓。

可是，事實上，他所用的弓只是裝飾得比較華麗而已，根本不是什麼強弓，普通人也都能輕易拉開。

有一次，齊宣王射完箭之後，又想誇耀自己的神力，就把弓拿給旁邊的隨從，要他們試試看能不能拉開。

隨從們礙於齊宣王的權力，只能討他歡心，於是假裝用盡力氣也拉不開這張弓，然後對齊宣王說：「大王您眞是天生神力，連這麼強的弓都拉得開。這麼特別的弓，果然只有大王才能夠使用。」

對於這些誇讚，齊宣王非常得意，於是重賞了所有的隨從。

領導者喜歡怎麼做，下面的人便會跟著怎麼做。在充滿諂媚奉承的現實社會裡，這樣的人和這樣的事不是屢見不鮮嗎？

如果你想做一名卓有成效的管理者，一定要認清自己的惡習，然後改掉它，不能讓這些惡習成爲下屬模仿的方向。

人應該有自知之明，普通人應該如此，管理者更應如此。

管理者因爲所處職位的關係，一定要明白自己眞實的情況，不能被周圍那些想討好自己的人的美麗謊言所迷惑。

如果這種情況出現了，那局面就不易控制，管理者的職能也就名存實亡了。

你有沒有看人的眼光？

懂得看人用人，才不會埋沒人才或小材大用。沒有人是事事專精的天才，領導者所能做的，就是把人才放到適合發揮的位置上。

戰國初期，名將吳起受到魏王的重用，成為魏國西河的太守，而吳起也不負魏王所託，把西河治理得井井有條。這個時候，吳起覺得西河之所以富庶繁華都是因為自己，開始不滿他的長官商文，不明白為什麼他的官位比自己高。

有一天，吳起遇見商文，便大剌剌對他說：「我實在不明白，為什麼我的功勞明明比你多，得到的職位卻在你之下？」

面對吳起毫不客氣的問題，商文沒有生氣，心平氣和的反問：「我不懂你所說的話是什麼意思？」

吳起說：「舉例來說，讓百姓民風淳厚，使國家安定繁榮，我跟你誰做得好？」

商文回答：「這一點我不如你。」

吳起接著又說：「我們都是大王的臣子，一旦我們兩人分別辭官，誰辭官之後會削弱大王的威望？」

商文說：「這一點我也不如你。」

吳起又相當高傲地問他說：「在戰場上，我和你誰能讓全軍將士奮勇向前，不顧生死的衝鋒陷陣？」

商文嘆一口氣說：「說到這一點，我就更不如你了。」

吳起聽了之後，理直氣壯的對商文說：「既然這三種情況你都不如我，那爲什麼你的官職還比我高呢？」

商文說：「既然你問我，那我也問你一個問題。因爲先王去世，繼位的大王年紀還小，在這種局面下，朝政動盪不安，群臣互相猜疑，不知道大權會落在誰的手裡，百姓也因此惶惶不安。在這種情況下，我跟你兩個人，誰才能讓國家安定？」

吳起沉默了許久，才慢慢的說：「這一點，我是眞的不如你。」

商文微笑著說：「這就是我的職位比你高的理由了。」

看人用人厚黑智謀

每個人才所擁有的能力是不一樣的，因此在選擇人才的時候，領導者要看重的是他的優點而不是缺點，利用個人特有的才能再委以相當的職務，如此才不會有埋沒人才或小材大用的事情發生。

一旦出現這種情形，對組織來說都是莫大的損失。

沒有人是事事專精的天才，領導者所能做的，就是把人才放到適合發揮的位置上。要是職位與能力不能配合的話，除了人力資源的浪費外，如果造成同僚之間互相排擠、彼此之間互不信服的話，這些衝突才是對組織最大的威脅。

不要讓你的正義不切實際

有不少人嫉惡如仇，不把身邊的小人放在眼裡，或者執意要與他們作對。這種做法其實是不智之舉，他們會對你展開反擊，而且這些反擊往往令人防不勝防。

郭子儀是唐朝中興名臣，也是平定安史之亂的卓越將領。有一次，當朝權臣盧杞前來拜訪正病臥在床的郭子儀。

盧杞是中國歷史上有名的奸詐小人，相貌奇醜無比，臉型寬短，鼻子扁平，兩個鼻孔朝天，眼睛小如綠豆，當時的人甚至戲稱他爲「現世活鬼」，一般婦女看到他都忍俊不住發笑。

郭子儀一聽到門人來報之後，急忙命令隨侍左右的妻妾趕快退回後房迴避。

等到盧杞走後，姬妾女侍們又回到郭子儀病榻前，問他說：「朝廷許多官員都來探望過你，可是你從來沒有叫我們迴避。爲什麼盧中丞來了，你卻急著要讓我們都躲起來呢？」

郭子儀微笑著答道：「妳們有所不知，這位盧中丞不但相貌奇醜，而且內心十分險詐。妳們看到他一定會忍不住失聲發笑。那麼，他一定會忌恨在心，萬一此人以後掌權，我們可就要遭殃了。」

看人用人厚黑智謀

郭子儀確有知人之見，他能識出盧杞的陰險惡毒，雖然自己位居將相，也不敢得罪這個小人。

有不少人嫉惡如仇，不把身邊的小人放在眼裡，或者執意要與他們作對。這種做法其實是不智之舉，很可能把事情搞得更糟。

這麼做，固然可以表現你的正義剛直，但在人性的叢林裡，這並不是明哲保身之道，反而突出了你的正義是不切實際的。

你的正義凜然會更加暴露這些小人的無恥、不義，爲了自保和掩飾，他們會對你展開反擊，而且這些反擊往往令人防不勝防。

也許，你並不怕他們伺機報復，也許他們根本奈何不了你，但是你必須知道，小人之所以爲小人，是因爲他們始終躲在暗處，使用的始終是卑鄙下流的手段，而且不會輕易罷手。

看看歷史的斑斑血跡吧，有幾個忠良抵擋得過奸臣的陷害呢？

有才華，也要學會謙虛

一個有才志的人，如果太張揚自己，那別人心裡上也難以接受。如果在禮儀上加以注意，言行之中謙虛一些，接近他的人會更多一些。

田駢是齊國著名人物。一次有個客人拜見他，田駢就請他進來，發現這人不僅有很高的修養，而且才思敏捷。

兩人談話完畢，田駢親自送他出去，並一直目送他消失。

田駢的弟子問他：「這個人可以用『士』來稱呼他嗎？」

田駢說：「這個人不適合用『士』來稱呼。『士』一般來講大都自傲自大，不平易近人，而有才華的人則比較容易讓人接近。」

田駢解釋說，一個有才志的人，如果太張揚自己，那別人心裡上也難以接受；

才志之士如果在禮儀上加以注意，言行之中主動謙虛一些，這樣接近他的人會更多一些。比如屋子裡面的一堆柴，如果主人用不著就會把它放在角落裡，只有用得著時，才會把它放在中間，發揮最大限度的能量。

看人用人厚黑智謀

古代的才士都非常重視修練自己，表面柔弱，內心堅強，看似無勇但實際上卻什麼都不怕，必要的時候寧可犧牲自己的生命也不願受到侮辱，有時身處逆境，但做人的原則和心中的抱負是永遠不會更改的。一旦位處顯貴，也不會因此而妄自尊大、目中無物。這樣的人才是眞正值得信賴的人才。

像這樣完美無缺的人畢竟爲數不多，大多數有才華的人都存在著或多或少的缺點，這不要緊，適當的管理可以容忍他們部分的缺點，讓他們發揮應有的價值。

但這並不是說有才華的人就可以任意妄爲，有才華的同時還是應該加強修養，完善自己的品行，這對於個人來講也是一種最高境界的追求。

自私，是沒有領導能力的象徵

作為一個領導者，最基本應該具備的條件就是能夠設身處地為別人著想。如果連這種素質都沒有，就無法成為一個有作為的領導人物。

春秋戰國時期，有幾個荒淫無道的昏君，晉靈公就是其中一個。他有一個很奇怪的癖好，就是喜歡站在高處，手持彈弓隨意射擊過往的行人。晉靈公看到人們爲了躲避彈子而左躲右閃的樣子非常高興，根本不擔心彈子會誤傷人命。

有一次，晉靈公要吃熊掌，等熊掌端上來時發現還沒有煮熟，一氣之下就命令人把廚師殺掉，並把廚師的手砍下來放在盤子上，再叫一個婢女托著盤子走過朝堂，用來警告其他人。

齊湣王也是其中一個昏君。燕國大將樂毅攻入齊國後，他逃亡到了魏國。有一次，齊湣王問跟隨他的大臣公王丹：「你覺得，我比這個國家的國王強嗎？」

公王丹回答：「您當然比他強。古代賢人有辭去天下讓給別人管理，而自己心中並無後悔的例子。但這都只是聽說而已，現在我卻親眼見到大王您是這樣做的了。離開齊國來到魏國之後，您的神采依舊很好，絲毫沒有半點沮喪的樣子，心中不在意國家由誰治理，這不正是古代賢君的形象嗎？」

齊湣王聽公王丹將他比喻爲古代的賢君，心中非常高興。

看人用人厚黑智謀

像晉靈公、齊湣王這樣的昏君，只求自己過得安樂，對國家和百姓的事情根本不做任何的思考。作爲一個國家的治理者，這樣顯然是連最基本的素質都不具有。

撇開能力不談，作爲一個領導者，應該具備的最基本條件就是能夠設身處地爲別人著想。如果連這種素質都沒有，那無論他的能力有多強，也無法成爲一個有作爲的領導人物。

掌握犧牲的時機

形成向心力是管理的首要之務，領導者的犧牲精神就是凝聚向心力的方法。一個自私的領導者無法讓部屬信服，又怎麼能產生向心力呢？

商朝初年，有一次遇到很嚴重的旱災，連續五年農作物都沒有收成。對於這個天災，商湯非常著急，親自前往桑山的樹林中求雨。

求雨的時候，商湯哭著對上天說：「如果是我一個人有罪，就請您不要連累全國的百姓；如果是天下的百姓有觸怒上天的地方，那也怪我沒有把百姓治理好。糧食就等於人民的生命，要是繼續乾旱，導致沒有收成的話，所有的人民都會餓死。請上天把過錯都讓我一個人承擔，不要牽連到百姓！」

商湯為了表示自己的誠心，還剪去自己的頭髮，像囚犯一樣把自己綁起來，作爲祭祀上天的祭品。

百姓們聽說這件事，都非常感動，而商湯的誠心也感動了上天，果然下了一場很大的雨，解除了乾旱的危機。

到了商朝末年，紂王荒淫殘暴，常常想出一些稀奇古怪的殘忍刑罰來折磨百姓。諸侯之一的姬昌經常勸戒紂王的行爲，紂王不但不聽，還經常謾罵、侮辱他。姬昌雖然受到這種對待，可是依然對紂王畢恭畢敬，絲毫沒有不滿的態度。

紂王對姬昌逆來順受的態度感到很滿意，於是就賜給他「西伯」的封號，和幅員遼闊的土地。

面對這些賞賜，姬昌不但不感謝，還對紂王說：「如果您一定要賞賜我的話，我寧願用這些封號和土地，換您取消炮烙的刑罰！」

紂王聽了姬昌的話，非常不高興，兩人之間的嫌隙也因此越來越深。

商湯把自己當成祭祀上天的祭品，姬昌用紂王封給自己的土地，試圖換取廢除用來懲罰人民的酷刑，先不管這些辦法是不是能夠實行，單單這種行爲本身就肯定可以贏得人民的好感和擁護。

這是作爲一個領導者，需要表現出的犧牲。除了增加好感以外，這種犧牲行爲也是衡量一個領導者是不是眞的有爲別人著想的重要指標。如果連領導者都沒有犧牲奉獻的精神，又怎麼能要求其他人呢？

形成向心力是管理的首要之務，領導者的犧牲精神就是凝聚向心力的方法。一個自私的領導者，從人格上就無法讓部屬信服，又怎麼能產生向心力呢？

不要怕好心沒好報

只要自己謹慎注意，提拔部屬還是人應該具備的美德。如果領導人害怕好心沒好報而不願意付出的話，最後吃虧的還是自己。

有一個勤勞而且心地善良的農夫，在連下大雪的天氣，都還到自己的農地去工作。這一年的冬季十分寒冷，這一天，農夫在田裡面鏟雪的時候，突然，鋤頭的前端碰到一個硬梆梆的東西。

農夫放下鋤頭仔細一看，原來鋤頭碰到的是一條已經凍僵的蛇。

農夫心想自己如果不救這條蛇，牠絕對會凍死，於是，好心的農夫就把這條瀕臨死亡的蛇帶回家裡。

農夫把蛇帶回家，放在火爐旁邊，漸漸的，爐火的溫暖讓凍僵的蛇慢慢醒了過來。奄奄一息的蛇，看到救牠的農夫，不禁非常感激；農夫看到蛇虛弱的樣子也不忍心，便很仔細的照顧牠。

這條蛇就在農夫悉心的照顧之下，逐漸恢復了生氣。恢復健康的蛇，陰毒的本性也慢慢恢復了，原本對農夫抱著感激的心，也隨著身體的康復而逐漸淡忘。

這一天，蛇的肚子餓了，牠看到身邊的農夫，完全忘記牠是自己的救命恩人，張開血盆大口就咬下去！

幸虧農夫反應靈敏，馬上就躲開了蛇的攻擊。沒想到被飢餓沖昏頭的蛇還不死心，依然不斷的攻擊農夫，彷彿不把農夫咬死不甘心似的。

即使農夫再善良，面對蛇一而再、再而三的攻擊，也是會生氣的。忍無可忍的農夫拿起身邊的鋤頭，對蛇說：「你這個忘恩負義的傢伙！沒想到你竟然是用這種方法來報答我的救命之恩！早之如此，當初我就不救你了。」

農夫的話一說完，就舉起鋤頭把蛇砍死了。

相信別人是善良的，在現代社會中其實並不容易，尤其在充滿晉升壓力的地方更加罕見。畢竟，在勾心鬥角的競爭中，人人都帶著假面具在生活，要彼此了解真的不是一件容易的事。

正因爲這樣，在我們的周遭常常會發生「好心沒好報」的情形，就跟故事中的農夫一樣。久而久之，拉拔別人的心情也會逐漸消磨殆盡。

不過，只要自己謹愼注意，提拔部屬還是領導人應該具備的美德。如果領導人害怕好心沒好報，甚至被反咬一口，而不願意信任、提拔部屬的話，最後便會陷入孤立無援的狀態，失去競爭優勢的還是自己。

PART 4

分清周遭的小人和貴人

在人際問題中，
最難掌握的就是分辨到底誰是小人，
誰是貴人吧！
如果能清楚的分辨這一點，
其實自己就已經成功一半了。

學會「喜怒不形於色」

作為高層管理者，心中醞釀的機密表現於形色中，並為他人所猜透，致使風聲走漏，這種結果是很危險的。

春秋時期，齊桓公準備攻打莒國，和宰相管仲商量好辦法，打算對全國公佈的時候，沒想到齊國的人民都已經知道了。

齊桓公覺得很納悶，對管仲說：「攻打莒國的計劃，應該只有我們兩人知道而已，怎麼會連百姓都知道了呢？」

管仲說：「請大王仔細想一想，有沒有在無意之中洩漏出去的可能。」

齊桓公想了一想說：「我想起來了，前幾天我們去視察城牆的工程時，有個勞役不時的抬頭看我們，難道是他看出來的嗎？」

齊桓公於是下令，把修築城牆的勞役全部召集起來，想要看看那個洞察他們心思的勞役到底是誰。

在一大群勞役中，東郭牙顯得特別與眾不同，管仲一看，就對齊桓公說：「應該就是這個人了。」

齊桓公於是命人把東郭牙帶到大殿，管仲問他：「到處散佈大王要攻打莒國消息的人，是不是你？」

東郭牙老實承認：「是我。」

管仲問：「我並沒有對外說要攻打莒國，你是怎麼知道的？」

東郭牙回答：「我聽說地位高上的人，要有善於謀劃的能力，而地位低下的人，就要有揣摩上司心意的能力。在這一方面，我自認我做得還不錯。」

管仲很好奇：「我又沒說要攻打莒國，你是怎麼判斷的呢？」

東郭牙必恭必敬的回答：「古人說官員有三種表情：聽到了好的音樂會歡欣高興；家中有喪事時則會嚴肅悲戚；如果準備發動戰爭，顯現出來的表情就會比一般高興時的模樣還要興奮。前幾天我看您和大王在高台上商量事情興高采烈的樣子，我就知道快要打仗了。而您的嘴型是發『莒』音的口型，手指的方向又是莒國，加上現在諸侯中不服從大王命令的只有莒國，所以我才敢斷言大王想攻打莒國。」

看人用人厚黑智謀

作爲高層管理者，管仲心中醞釀的機密表現於形色中，並爲他人所猜透，致使風聲走漏，這種結果是很危險的，因爲它可能會導致計劃完全失敗。

所以，越是高層的管理者，越要在臨事之前保持鎮靜的頭腦和平靜的表情，在任何情況下都不可以得意忘形。

一旦讓別人識破你的心思，要打敗你就很容易了。管仲在謀劃攻打莒國的這件事上的表現，是一個很大的失誤。

別當只聽好話的傻瓜

在遇到批評時，不妨換個角度想想，只有真正關心你的人才會對你提出批評，無關痛癢的人，為什麼要批評你，為自己樹立敵人呢？

秦穆公在位的時候，外族犬戎非常強大，對秦國造成威脅。因為秦國暫時沒有發動攻擊的能力，於是秦穆公就把自己的女兒嫁給了犬戎的首領。

犬戎的首領非常高興，日日夜夜都與自己的妻子在一起飲酒作樂。犬戎忠心的臣子提醒犬戎王不要疏忽對秦國的防守，結果都被犬戎王用弓箭射死。

後來，秦穆公見時機成熟，果然攻進犬戎，而這時的犬戎王，竟然醉得不醒人事躺在床上，以致被秦兵活捉。

有次，當齊國攻打宋國的時候，宋王為了了解前線情況，就派出探子打聽情況。

第一個探子回來對宋王說：「敵人快進城了，全國上下都是一片混亂。」宋王聽了大怒，就把這個探子殺掉。第二個探子回報的消息也是如此：「敵人已經到邊境了，老百姓都忙著逃命。」

宋王勃然大怒，又把探子殺掉。

第三個探子看到這種情況，心想：「看來大王是不想聽到敵人接近的壞消息，如果我再回報敵人逼近，肯定也得死。」

於是，他就對宋王說：「我根本就沒有看到齊國軍隊的蹤影，百姓作息也都很安定，一點也不慌張。」

宋王聽了，大喜過望，賞了他許多金銀財寶。結果沒多久，齊國的軍隊攻進城了，宋王只好倉皇坐著車子逃命，至於那個謊報軍情的探子，當然也趁亂逃到其他國家，過著富裕的生活。

只想聽好聽的話是非常愚蠢的，會有這種心理傾向，是因爲大多數的糟糕情況都是自己造成的，而這種情況被別人提出來，顯然是對自己的一種批評。

別當只聽好話的傻瓜，批評當然讓人聽起來很不舒服，但事實上這些不舒服，正是自己極需要改進的地方。

犬戎王和宋王都只希望部屬報喜不報憂，最後倒楣的當然是自己。

遇到批評時，不妨換個角度想想，只有眞正關心你的人才會對你提出批評，如果是無關痛癢的人，爲什麼要批評你，爲自己樹立敵人呢？

用這個角度思考，你就可以平心靜氣，聽取別人的批評了。

「馬屁」，只會帶來危機

領導者的耳朵應該裝一扇門，讓該聽的話進去，阻擋不該聽的話。有這樣的一扇門，才不會因為一點甜言蜜語而賠上自己的地位。

春秋戰國時期，荊龔王和晉厲公大戰於鄢陵，結果荊國大敗，連荊龔王都被晉國的大夫用箭射傷眼睛。

原來，荊國的將軍司馬子反是個嗜酒如命的人，因爲戰爭期間不能喝酒，這讓司馬子反很不高興。他的部下豎陽谷于爲了討好他，就自作主張端一碗「茶」過來，給司馬子反解渴。

司馬子反聞出茶的味道不對，厲聲對豎陽谷于說：「拿回去！這是酒！」

豎陽谷于卻回答：「這不是酒，是茶。」

面對撲鼻而來的酒香，司馬子反的酒蟲開始蠢蠢欲動了，可是爲了怕喝酒誤了大事，他還是要豎陽谷于拿走。這時，豎陽谷于悄悄在司馬子反的耳邊說：「將軍，只喝一碗沒有關係的。」

司馬子反經不住誘惑，就把酒接過來喝了。有了第一碗，接著就欲罷不能的有了第二碗、第三碗，接二連三的喝，終於還是喝醉了。因爲將軍喝醉酒，無法指揮兵士作戰，才會導致荊國戰敗，連荊王的眼睛都因此受傷。

戰爭結束之後，荊龔王嚥不下這口氣，準備再度進攻，就派人叫司馬子反一起商量戰略。可是司馬子反推說自己過於勞累無法晉見，於是荊龔王就親自去探望。

沒想到到了司馬子反的軍帳中，竟然聞到瀰漫的酒味，荊龔王勃然大怒，說：「今天這一仗勝敗的關鍵全在司馬子反的身上，而他居然臨陣還喝醉酒！這個樣子還怎麼再戰？」隨即下令撤軍回國。

一回到荊國，荊龔王就殺了司馬子反。

每個人都喜歡別人奉承，喜歡聽好聽的話，這是人之常情。但是，如果領導者喜歡被拍馬屁的話，不只組織會產生危機，連領導者本身的位子，都有不保的可能。故事中的司馬子反就是一個很好的例子。

司馬子反原本是一個很好的領導人才，可惜因爲抵擋不了豎陽谷于的「馬屁」，而落得被斬首示衆的下場。

有的時候，拍你馬屁的人所持的理由不只是單純爲了想討好你而已，更可能的原因是想取代你。一旦你被馬屁所迷惑，很容易就會因爲錯誤的判斷而陷自己於險境。故事中的豎陽谷于，拍馬屁的方式就包含了自己的野心。

領導者的耳朵應該裝一扇門，讓該聽的話進去，阻擋不該聽的話。有這樣的一扇門，才不會因爲一點甜言蜜語而賠上自己的地位。

堵得了別人的嘴，堵不了別人的心

能夠接受別人批評的人，才是真正能獲得成功的人。因為人都會犯錯，而要在犯錯中得到經驗，就需要靠別人的指正。

周朝時，周厲王荒淫殘暴、橫征暴斂。百姓因爲不堪周厲王的暴政，積怨日深以至於天怒人怨，國家的統治權岌岌可危。

大臣召公虎見狀，就這件事向周厲王建言：「國家目前的統治方式，人民已經難以接受，所以才會出現人民怨聲載道的情況。大王是不是應該改變施政方式，讓百姓沒有怨言呢？」

周厲王聽後，就派大臣衛巫監視百姓，一旦發現敢抨擊朝政的，格殺勿論。這樣一來，整個國都都沒有人敢發表意見，連在路上遇見熟人，也只能用眼神打招呼。

周厲王非常滿意這個情形，他得意洋洋的對召公虎說：「你看，現在我不是讓怨言消失了嗎？」

召公虎說：「這不代表怨言沒有了，而是百姓迫於嚴刑所以不敢說話。您這樣做，比用東西把河水堵住還危險，因爲水堵到一定的時候就會潰堤，一旦潰堤，肯定會造成很多傷亡。所以說，治水的人應該使流水暢通，治理國家就應該放開禁令，讓百姓暢所欲言。而治國就應該大臣當面進諫百姓反應的問題，然後天子再斟酌處理，這樣才會把國家治理好。現在大王您強行堵住百姓的嘴，不讓他們說話，讓人民默認您的錯誤行爲，您現在的情勢已經很危險了！」

周厲王不聽召公虎的勸諫，依舊我行我素。結果過了三年，果然出現暴動，把周厲王流放到彘地去了。

看人用人厚黑智謀

能夠接受別人批評的人，才是眞正能獲得成功的人。因爲人都會犯錯，而要在犯錯中得到經驗，就需要靠別人的指正。一味阻止別人說你的缺點，有的時候，也是一種缺乏自信的表現。

所以，不要害怕接受別人的批評，尤其是領導者。就算你能夠用自己的權力來阻止下屬對你的不滿，但這只是一時的，長期累積下來的怨言，在沒有紓發管道的情形之下，爆發出來的威力是很驚人的。連身爲一國之君的周厲王都會因此被流放，我們就可以知道被壓制後的反彈力量有多強。

沒有永遠的強者，光靠力量是不能得到支持的，只有虛心的接納批評並加以改進，才能確保自己領導地位的長久。

以身作則可以穩固你的地位

如果管理者自己不能履行既定的條例，那就根本不用指望其他人會自動自發的遵守，以身作則也可以作為平息反對聲浪的手段。

春秋時期，楚昭王手下有一位官員，名叫石渚。石渚爲人正直，從來不徇私情，於是昭王就任命他爲朝廷的大執法官。

有一天，石渚駕車追趕一個殺人逃犯。沒想到當他好不容易追到了犯人，才發現犯人原來是自己的父親！

石渚心中非常矛盾，思前想後，終於還是不忍心，把自己的父親放走了。

石渚回到宮廷，對昭王請罪說：「殺人犯原來是我的父親，我不忍心把我的父親抓來處置，但是包庇有罪的人，又違反國家法令，這同樣也是不被允許的。因爲我沒有按照規定完成自己應該達成的工作，所以必須接受法律的制裁。」

石渚說完，就主動躺在行刑的鐵板上，等待昭王下令處罰。

昭王看見這種情況，就勸石渚不必這樣做。石渚卻說：「如果對自己的父親沒有私心，不能說是個孝子，而在朝廷做官卻違反國家的法令，不能叫做忠臣。大王您赦免我，是您對我的恩典，但是自古忠孝不能兩全，違反法令就必須受到懲罰，這是我對自己的要求！」

看人用人厚黑智謀

石渚作爲一個執法人員，因爲個人情感的關係而觸犯法令，於是堅決要求自己受到懲罰，對於楚昭王的赦免都不肯接受。

姑且不論石渚的所作所爲是發自內心，還是沽名釣譽，單就他這種行爲而論，就已經達到以身作則的典範。他這樣做，不但不會損及他的利益，甚至還會更加堅定昭王對他的信任。

拋開權謀的觀點，如果管理者自己首先就不能履行既定的條例，那就根本不用指望其他人會自動自發的遵守。

除此之外，有時候領導者以身作則的表現，也可以作爲平息反對聲浪，控制整體局勢的有力手段。

無論如何，管理者的形象是不容許有瑕疵的，一旦形象出現了裂痕，要能安穩的繼續坐在現有的位子上，可就難如登天了。

用「無中生有」的方法來創造優勢

「無中生有」，其實是一種公關藝術，不但能為自己積聚人氣，招來好人緣，更能為自己的形象加分，讓自己的位子坐得更穩。

春秋戰國時期，有人進獻給趙國國君趙簡子兩匹稀有的白色騾子，作爲趙簡子登基的賀禮。

由於白色的騾子非常罕見，趙簡子十分重視這兩匹騾子。

這個時候，有一個住在廣門里的百姓得了一種怪病，看了很多醫生都治不好。最後，有一個名醫對他說，只有白騾子的肝臟，才治得了他的病，可是全國上下，只有趙簡子有白騾子。

這個人在無可奈何之下，只好趁趙簡子出宮的時候，跪在路邊，戰戰兢兢的對趙簡子說：「啓稟大王，我得了重病，醫生說只有吃白騾子的肝臟才能治得好。我一家大小都靠我一個人維生，如果我死了，全家人的生活都會陷入困境，所以才斗膽請大王開恩，將白騾子的肝臟賜給我。」

話才說完，跟著趙簡子出宮的家臣非常生氣的說：「你好大的膽子！一個普通百姓竟然敢跟大王要心愛的東西來治病，來人啊，把他拉下去處死！」

沒想到，趙簡子卻對家臣說：「犧牲人的生命換取牲畜的性命，是不講仁義的行爲；犧牲牲畜性命來換取人的生命是應該的。我身爲一國之君，怎麼能拒絕這種要求呢？」

趙簡子隨即下令殺了白騾子，取出肝臟給這個百姓治病。

趙簡子殺騾子給百姓治病的事情，很快就傳了開來，趙國的百姓都知道，他們的國君是一個把百姓的福祉放在第一位的好國君。

過沒多久，趙國準備攻打翟國，在戰場上，所有的將士個個奮不顧身的殺敵。他們都是在聽說趙簡子願意用自己心愛的白騾子，救一個普通百姓的事情，而自願效忠趙簡子的。

趙簡子是不是眞的用自己心愛的白騾子來救一個百姓的性命，沒有人知道；是不是眞的有一個需要靠白騾子才能活命的百姓，這也不可考。唯一確定的是，趙簡子因爲這一件事情的傳播，穩住了國君的統治地位。

「無中生有」，其實是一種相當重要的公關藝術。能夠善用這種藝術的人，特別是領導者，不但能爲自己積聚人氣，招來好人緣，更能爲自己的形象加分，讓自己的位子坐得更穩。

別當因小失大的笨蛋

真正聰明的人，不是永遠不吃虧的人，而是願意吃虧的人。自以為聰明，把別人都當成笨蛋的後果，就是讓自己跌入更大的陷阱裡。

衛獻公有一次設宴宴請重臣孫林父和寧殖，當大家吃得正高興的時候，有人報告衛獻公，說在禽園之中飛來許多大雁。於是，衛獻公就丟下孫林父和寧殖不管，逕自跑去禽園射雁，這個舉動讓孫林父和寧殖很不高興。

後來，孫林父和寧殖共同邀請衛獻公到家中作客，原本說好的時間是黃昏時分，結果衛獻公到了很晚才姍姍來遲，而且到了兩人的家中，外衣也不脫，帽子也不摘，顯得非常沒有禮貌。

兩人看衛獻公這樣看不起自己，於是密謀策劃一起叛變，把衛獻公逐出宮廷，立公子黚爲國君。黚繼位之後，即是衛莊公。

對於國君的位子，有一個大臣石圃也相當覬覦，但因爲自己的實力還不夠，只好處心積慮的等待機會。

有一次，衛莊公登上衛國的城牆眺望，遠遠看到戎州，就問旁邊的人：「那裡是什麼地方，是誰在居住？」

旁邊的人回答：「那裡是戎州，是戎人居住的地方。」

衛莊公聽了大怒說：「這個地方是我姬姓的天下，戎人怎麼能住在這裡！」於是下令派軍隊把戎人趕出去，剝奪了他們的家園。

石圃見機會到了，於是向晉國借兵來攻打衛國，戎人乘機聯合石圃，一舉殺掉衛莊公，收復自己的家園。

看人用人厚黑智謀

衛莊公與衛獻公兩個人，都是不懂得區分事情輕重緩急的人。他們雖然身爲高高在上的領導者，卻目光短淺，不懂得尊重別人的結果，就是讓自己吃更大的虧。

其實，眞正聰明的人，不是永遠不吃虧的人，而是願意吃虧的人。

永遠不吃虧的人，往往會自以爲聰明，把別人都當成笨蛋的後果，就是讓自己跌入更大的陷阱裡。

所謂願意吃虧的人，指的是會用吃虧來佔便宜的人。他們聰明的地方，在於骨子裡即使佔盡了便宜，在表面上別人還以爲他們吃虧了。

可是，一般人總是提防那些無論如何都不肯吃虧的人，忽略了願意吃虧的人。這種人才要小心注意，因爲總有一天，他會把他所吃的虧全部都吐還給你。

認錯不會降低自己的威信

唐太宗並沒有因為承認錯誤而損害了自己的威信，相反的，卻使他成為流芳千古的曠世明君。在他主政之下，出現了中國歷史上極少有的太平盛世。

開創貞觀盛世的唐太宗，是一位勇於接受別人意見和批評的皇帝。

有一天，唐太宗問宰相魏徵：「爲什麼歷史上的君主，有的明智，有的昏聵？」

魏徵回答說：「能聽取各方面的不同意見，就是賢明的君主；只聽信一方面的意見，就是昏庸的君主。例如，隋煬帝就是昏君，因爲他不願聽到有人造反的消息，佞臣虞世基就投其所好，隱匿實情不報，結果導致國破人亡。」

唐太宗聽了這番話後頗爲認同，於是廣納各方建言。

還有一次，唐太宗對大臣們說：「隋煬帝這個人學問淵博，也知道堯、舜賢明，桀、紂昏暴，可是爲什麼他自己還是那麼昏庸呢？」

魏徵回答說：「一個好皇帝光靠天賦聰明和學識淵博是不夠的，還得應虛心納諫，彌補自己的不足之處。隋煬帝自以爲才智甚高，目中無人，誰的話也不願聽，所以他說的是和堯舜一樣聰明的話，做的卻是桀紂那樣愚蠢的事，因而自取滅亡。」

唐太宗聽了，深覺有理，感歎道：「前世之事，後世之師。」

唐太宗也確實接受了魏徵的不少諫言，改正自己的一些過失，甚至有時行事，一想到魏徵的批評就會改變做法。

有一次，唐太宗準備出巡，吩咐屬下必須準備好豪華車馬與儀仗陣隊，後來卻突然改變主意，取消了出巡事宜。

魏徵問他是何緣故，唐太宗不好意思地說：「唉，我只是想到你一定又要批評我張揚、奢侈，所以取消了這次出巡。」

唐太宗說完，與魏徵兩人四目對視，不禁哈哈大笑起來。

唐太宗並沒有因爲承認錯誤而損害了自己的威信，相反的，卻使他成爲流芳千古的曠世明君。在他主政之下，出現了中國歷史上極少有的太平盛世——貞觀之治。

事情往往就是這樣，當我們刻意去追尋某種東西的時候，可能無功而返，但如果換一種方式，則可能輕而易舉地得到。

生活的辯證法，有時候和愛因斯坦的相對論是差不多的。譬如，有的人想要建立威信，用盡辦法卻無法達成，但是，有時候放下身段承認自己的缺失和短處，反而會讓大家感到敬重。

像唐太宗這樣位高權重的帝王都能虛心檢討自己，一個人做到「該認錯時就認錯」，又算得了什麼苛求呢？

學習重複別人的話

如果是要吵架，彼此只顧著反擊對方就好了，可是，如果是要解決問題的話，就應該誠心去理解對方的想法。

李先生是一個公司的負責人，不管在業務上或是在管理上，都表現得很出色，唯有對自己的兒子，就是沒辦法和他溝通。

這一天，他又因爲兒子晚歸而和兒子起衝突。就在雙方吵得面紅耳赤的時候，兒子突然對李先生說：「再這樣吵下去也不是辦法，能不能請你把我剛剛說的那句話說一遍給我聽？」

李先生楞了一楞，怎麼也想不起來兒子剛剛說了什麼。

「你看，從頭到尾，我說什麼你都沒有在聽。我們不是要溝通嗎？試著重複彼此的話，否則這種爭吵會沒完沒了的。」兒子冷靜的對李先生說。

李先生接受了兒子的這個意見，結果出乎李先生的意料，兩人竟然能心平氣和的說話而不吵架！

李先生決定把這個辦法用在公司重要的採購會議中，這個會議的主題在討論所要採購的機器，到底要用哪一個國家的。採購部認爲日本製的價格便宜，可是總工程師卻主張買美國製品。

在會議進行中，李先生讓總工程師發表意見。總工程師的經驗告訴他，老闆問他只是個形式，因此說不到五分鐘就說沒意見了。

平時，李先生也會因此做出自己的決定，可是今天，他對總工程師說：「我重複一遍你說的話。你認爲日本機器價格雖然便宜，可是售後服務有問題。因爲語言不通，找來的翻譯對精密儀器又是外行，再發生相同問題的機會很高，所以算下來還是買美國貨比較便宜，對不對？」

總工程師聽了李先生的話，很高興的繼續補充自己的意見。就這麼你一言我一語的，大家討論出了一個彼此都能接受的方案。

如果是要吵架，彼此只顧著反擊對方就好了，可是，如果是要解決問題的話，就應該誠心去理解對方的想法。這個時候，試著重複一遍對方的話，會是將爭執消弭於無形的好辦法。

重複對方的話，一方面可以讓對方放心，知道你們之間沒有誤解，另一方面，也可以讓你在反擊或下結論前，把對方的意思消化一下，通常，這時你會發覺，吵架不再是吵架，而是積極的溝通了。

分清周遭的小人和貴人

在人際問題中，最難掌握的就是分辨到底誰是小人，誰是貴人吧！如果能清楚的分辨這一點，其實自己就已經成功一半了。

一隻從來沒有出過門的小老鼠，很嚮往外面的世界，想出門去見見世面。老鼠媽媽禁不住小老鼠的懇求，終於答應讓小老鼠出去旅行。

過了一段時間，小老鼠回到了家。老鼠媽媽問小老鼠：「你這次出去旅行，經歷了些什麼事啊？」

小老鼠很高興的回答：「並沒有什麼特別的事。不過，我在回家途中，倒是認識了一個新朋友。」

老鼠媽媽聽了小老鼠的話，好奇的問：「你認識了誰？」

小老鼠一五一十的把認識「新朋友」的經過告訴媽媽：「在我回家的途中，我聽見兩隻動物在爭吵。其中一隻發出尖銳刺耳的噪音，頭上還頂著一個滑稽的紅色肉冠，尾巴展開著，不停拍打自己的雙翅，啪啦啪啦的，我差點沒被牠嚇死。」

小老鼠接著說：「另一隻動物就不同了。牠和我們一樣，身上有柔軟的毛，又有好看的斑紋和長長的尾巴。牠的動作非常斯文有禮，跟另一個醜陋的傢伙完全不同，也不會發出刺耳的噪音。等到那個醜陋的傢伙走了之後，牠看見我躲在旁邊，就很親切的跑來跟我打招呼，還問我有沒有被嚇到。我就這樣和牠變成朋友，我還想邀請牠來我們家玩呢！」

老鼠媽媽聽完小老鼠的話，大驚失色的說：「幸好你沒有邀請牠來。你要知道，你以為溫和的動物，是我們最大的敵人貓啊！牠是專門擺出一副和善的臉孔，來欺騙像你這種涉世未深的小老鼠。如果你上了當，帶牠到家裡來，我們都會被牠吃掉的！至於你說的另外一隻討厭的動物只是公雞而已，根本不會危害我們。」

老鼠媽媽語重心長的對小老鼠說：「你要記住，看起來很友善的動物，不一定是真的友善啊！」

只要有人出現的地方，人際關係就是避免不了的問題。

在人際問題中，最難掌握的就是分辨到底誰是小人，誰是貴人吧！如果能清楚的分辨這一點，其實自己就已經成功一半了。可惜的是，小人和貴人的分別，往往要等到自己遍體鱗傷的時候，才會有一個依然模糊的標準出現。

不用這麼慘烈，還是有方法可以讓自己遠小人、親貴人，那就是保持適度的距離感。所謂的適度，就是不能太親近，也不要太疏遠。在一段距離之下慢慢觀察，你就會逐漸看出貴人和小人的差別在哪裡。

當然，「智者千慮，必有一失」，如果眞的遇到小人，只好改變心態，將小人的中傷，視爲另類的貴人提攜了。

PART 5

心機要用得不露痕跡

最高明的手段是不露痕跡的。
任何手段只要形跡敗露，
就算最後達到目的，
知道實情的眾人也不容易心服口服，
自然也不容易管理。

把人才放在最正確的位置

只要是有為有守的人，有能力擔負責任，能夠順利完成任務者，就應該一視同仁給予機會。

春秋時，晉國大臣祁盈的家臣祁勝和鄔臧相互易妻的醜事被祁盈發現了，祁盈認爲這是祁家的私事，和國事無關，就沒向晉頃公報告，把祁勝和鄔臧殺了。但晉頃公知道了後，覺得祁盈不夠尊重他，而且他正因爲祁盈權力太重而感到擔憂，便以祁盈私殺家臣爲由，殺了祁盈。同時，他又推說羊舌氏也是祁盈的同黨，趁機把羊舌氏也殺了。

這年秋天，晉國執政的大臣韓獻子過世，而由大臣魏獻子接手執政。

魏獻子把原屬祁氏的領地分割爲七個縣區，羊舌氏的領土分割爲三個縣區，決定委派一些比較賢能的人，前去擔任這些縣的地方長官。在建議名單之中，有一個名叫魏戊，與魏獻子是同一個宗族的人，魏獻子想重用他，又擔心被人指責有心偏袒，因而有所顧忌。

有一次，魏獻子遇到大夫成鱄，便問他：「我想讓魏戊去管理梗陽，您認爲別人會不會說我有私心偏袒他呢？」

成鱄聽了，回答說：「這怎麼會呢？魏戊對君王十分忠誠，對同僚十分謙遜，品行端正，辦事幹練，讓他去做一個縣大夫又有什麼不可以呢？」

成鱄接著說：「提拔和任用官吏，不管關係親疏，均應該一視同仁。端看他能不能用道義來約束自己；能不能誨人不倦；能不能大公無私，光明磊落；能不能賞罰分明，能不能擇善而從。也就是說，看他是不是德才兼備。如果他能確實符合條件，也就不必擔心別人的議論了。」

「你說得對極了！」魏獻子高興地說。

於是，他很放心地讓魏戊前去赴任。

內舉不避親，外舉不避仇，只要是有爲有守的人，有能力擔負責任，能夠順利完成任務者，就應該一視同仁給予機會。所謂「有能則舉之，無能則下之」，就是要選賢與能，唯才是用，而不讓沒有才能的人霸佔他們不適任的職位不放，尸位素餐，這才是人事管理的正確方法。

做事存乎一心，處事能否公正果決，是主事者應負的責任。魏獻子如果會因爲魏戊是自己的同宗而有所偏頗對待，那麼魏戊的確不適合在魏獻子手下做事；但如果魏獻子是看在魏戊的能力而任命，對待他與其他臣子沒有差別，那麼是不是同宗，又有什麼關係呢？

債台高築的人最難翻身

長久下來的積弱不振，周赧王早已一點機會也沒有，落得遭人逼債，無處可逃的窘境，倒也令人不勝唏噓。

戰國後期，東周的最後一個君主周赧王已純粹是個傀儡，雖然有著周天子的名義，其實還不如列國中最小的諸侯。眞正受他管轄的土地不過王畿的幾十個縣，而且這幾十個縣，還是由東周公和西周公二人分開管理，他一點實權也沒有。

當時，秦國想要滅掉六國，於是六國聯合起來共同抵禦秦國。西元前二五七年，秦國出兵伐趙，趙國向魏國和楚國求救，魏公子信陵君設法竊取了魏王的兵符，率兵打敗了秦國。

楚孝烈王聽到這個消息，派使者去向周赧王稟報，請他用天子的名義，下令六國一起出兵伐秦。周赧王一直恨秦王欺負他，一口答應，立刻用周天子的名義，授命楚國去知會各國諸侯共同出兵。同時，周赧王命西周公也拼湊了一支六千人的部隊，準備和六國的部隊一起去討伐秦國。

可是，周朝早已衰微，經費不足，周赧王根本沒錢給這支六千人的部隊提供補給，發放糧餉。於是，他只好向國內富商、地主借錢，並立下字據，說好打了勝仗以後，連本帶利一起歸還。

借到錢後，周赧王便派西周公率軍出發到了伊闕，在那兒駐紮下來，等候各諸侯國的人馬。可是，等了三個多月，只有楚、燕二國派來了軍隊，其他諸侯國，有的是根本沒有出兵力量，有的則是不願出兵，總之聯合討伐秦國的計劃成了泡影。仗雖沒打成，但周赧王借來的錢卻全部花完了。

西周公帶著軍隊撤退。那些債權人拿著債券，天天到宮門外向周赧王要債。周赧王沒錢還債，跑又沒處跑，躲又躲不了，於是只好躲到宮中的一座高台上藏了起來。後來，人們就給這座高台起了個名字叫「逃債台」，而以「債台高築」來形容積欠了很多債務。

六國不能團結合作，所以遭到秦國個個擊破，潰不成軍。而周赧王號召諸侯起兵討伐秦國，卻無疾而終，由此可見得天子威信早已蕩然無存。

周赧王本欲拼力一搏，看看是否有起死回生的可能，然而，長久下來的積弱不振，周室早已名存實亡，一點機會也沒有，還落得遭人逼債，無處可逃的窘境。

在現實生活或工作場合裡，我們經常可以看到像周赧王這樣不知自己斤兩的人，明明沒什麼份量，也沒什麼眞本事，卻老是爲了突顯自己的「重要性」，而不惜打腫自己的臉充胖子。

千萬不要被這種喜歡「裝闊」的人的不實言行蒙蔽，否則，你很快就會成爲他們的「債權人」。

急躁，往往是錯誤的開始

只有時間，才能真正展現出一個人的能力。當上司在觀察下屬，或同事之間彼此競爭時，記得先多用一點時間仔細觀察。

從總公司調來一位新主管，公司裡大多數的員工都很高興，因爲調來的這位主管據說不但有能力，還是個公私分明的人。

總公司派他過來，就是爲了整頓這裡積弱不振的業務。

這個新主管一到任，卻沒有任何改變的動作，每天照常上下班，看到人都笑瞇瞇的，一副好好先生的模樣。

時間一久，那些平時表現不佳的員工以爲這個新主管也和之前的主管一樣，於是開始原形畢露。

沒想到過了半年，新主管開始大刀闊斧進行改變，該升職的升職、該調走的調走、該開除的開除，所做的決定乾淨俐落，下手也毫不留情，與半年來一直給人好好先生的印象判若兩人。

尾牙的時候，輪到主管致詞時，新主管跟員工們說了一個故事：「我有一個喜歡園藝的朋友，買了一棟房子，搬進去沒多久，就忙著進行全面整頓，把院子裡他覺得看起來礙眼的雜草雜樹都拔掉，只留下一些自己看起來順眼的花草。」

「有一天，原先的屋主因為有東西忘了拿，才進門就大吃一驚，問我的朋友，院子裡原本種的名貴蘭花怎麼都不見了？我的朋友才知道，他居然把得過獎的蘭花當雜草割了，剩下來的只是一些普通的花草。」

「後來，我朋友學乖了，他再一次買房子的時候，雖然院子看起來一片雜亂，但是他卻沒有忙著整理，直到認清哪些是沒用的雜草，哪些又是珍貴的植物時，他才開始動手整頓。」

說完，新主管舉杯對大家說：「恭喜各位！如果公司是花園，你們就是其中的珍木，而珍木是需要時間觀察才看得出來的。」

俗話說：「路遙知馬力，日久見人心。」一個人的才幹，就像珍貴的花草樹木一樣，需要時間才能夠看得清楚完整。

因爲職務的難度不同，難度低的，人人能做，展現不出能力；難度太大，又一時之間無法展現出成果，如果因此貿然調動職位，不但之前的努力就此功虧一簣，甚至還會埋沒一個眞正的人才。

只有經過時間考驗，才能眞正展現出一個人的能力。當上司在觀察下屬，或同事之間彼此競爭時，記得先多用一點時間仔細觀察，如此一來，才不會發生將蘭花視爲雜草的荒謬情形。

心機要用得不露痕跡

最高明的手段是不露痕跡的。任何手段只要形跡敗露，就算最後達到目的，知道實情的眾人也不容易心服口服，自然也不容易管理。

春秋時期，齊國的大臣崔杼和慶封兩人，密謀害死了齊莊公，改立齊景公為國君，崔杼和慶封兩人，也因此把持齊國的朝政。

然而，動盪不安的情形並沒有因為齊景公登基而平息。齊景公立崔杼為宰相，慶封看在眼裡，心中非常不是滋味，想到自己和崔杼一起擁立齊景公，但崔杼的地位卻比自己高，於是產生想要取而代之的念頭。

為了將崔杼從宰相的位置上拉下來，慶封在崔杼的兒子們之間挑撥離間，讓崔杼的兒子們產生嫌隙，以致反目成仇。

崔杼沒有辦法阻止兒子們的爭鬥，只好向慶封請求幫助。

慶封看著老淚縱橫的崔杼，心中暗自得意，對他說道：「不用擔心，我立刻幫你『解決』這件事情！」

誰知，慶封解決的方法，竟然就是派手下率領兵卒闖入崔家，把男女老少全殺光，再放一把大火，把崔家燒得一乾二淨。

等事情辦完之後，慶封對崔杼說：「好了，事情已經全部解決了。」

崔杼滿心感激的離開，沒想到回到家中，看見的是一片廢墟。崔杼知道自己遭到算計，在無力與慶封抗衡的情形下，只有走上自殺一途。

除掉崔杼，慶封如願以償成了宰相，他的專橫跋扈更甚於崔杼。齊景公下定決心要除掉他，便趁慶封去郊外打獵，疏於防範的時候舉兵討伐。於是，慶封被迫出亡齊國，但最後還是被抓到，斬首示眾。

在一個組織裡，領導者的位置是每個人都企盼得到的。有的時候，成爲一個領導者並不需要有過人的才能，但絕對需要有過人的手段。

相國之職能掌管天下大事，故事中的慶封眼紅是難免的。可是即使嫉妒，還是不應該用這麼激烈、卑劣的方法來達到目的，這樣的結果只得到兩敗俱傷的下場，沒有人能從中獲利。

通常，最高明的手段是把心機用得不露痕跡。任何手段只要形跡敗露，就算最後達到目的，知道實情的衆人也不會心服口服，自然不容易管理。唯有製造出「自然而然就成功了」的狀況，才是最理想的手段。

越不行的人，越聽不得別人說他不行

越被說不行，就越要做做看，這正是成功人士的成功所在。一旦將這些性格膨脹成自以為是，也正好是那些失敗者之所以失敗的地方。

吳王夫差看到自己的國力日漸強大，於是野心開始蠢動，籌劃攻打齊國。有一天，吳王夫差找伍子胥，一起商量攻打齊國的事。

伍子胥聽了夫差的想法，連忙勸阻：「千萬不可以！齊國和吳國在很多方面都不一樣，不管是習俗和使用的語言都不相同。我們即使得到齊國的土地，也沒有辦法居住，俘擄來的人民也不能使用。而吳國和越國不但國土相連，道路相通，風俗相同，語言差異也不大，我們得了他們的土地和人口會有數不完的好處。因爲這種直接的利益關係，吳、越兩國現在已經到了勢不兩立的地步。越國才是我們的心腹大患，而齊國跟我們卻還可以繼續相處。如果現在不攻打越國而去討伐齊國，即使勝利，也會有無窮的後患，還請大王三思。」

夫差又去詢問太宰嚭的意見，暗中接受越國賄賂的太宰嚭卻說：「請大王不要聽信伍子胥的話，現在吳國之所以沒有稱霸於諸侯之間，是因爲齊國和晉國阻擋著我們。如果現在把齊國滅掉，再舉兵攻打晉國，以後所有的諸侯都會聽命於您，現在是您實現霸業的大好時機！」

夫差聽了太宰嚭的話非常高興，於是採用了太宰嚭的意見，派伍子胥出兵討伐齊國。伍子胥個性過於耿直，雖然成功地打敗了齊國，但最後還是被夫差找了藉口殺死。

後來，越國在勾踐的帶領之下，終於東山再起，消滅了吳國，成就霸業。

看人用人厚黑智謀

現實生活中和工作場所裡，其實有不少像夫差這樣個性的領導人。這種人只看到眼前的一點點成就，就以爲自己無所不能，行事毫不衡量利弊得失。夫差就是因爲這種性格，才毀在越王勾踐的手裡。

只要是人，在潛意識中或多或少都隱藏著一些不服輸的性格，也就是越被說不行，就越要做做看，其實這正是成功人士的成功因素所在。

然而，一旦將這些性格膨脹成自以爲是，也正好是那些失敗者之所以失敗的地方。由夫差的故事可以知道，要怎樣把這種性格用在正確的地方，就要看你有沒有接受別人意見的雅量。

夫差剛愎自用，導致吳國滅亡，就是領導人必須深自警惕的例子。

不想拍馬屁，也別跟老闆過不去

你可以不用去拍老闆的馬屁，可是不要跟老闆過不去！因為得罪了老闆，就等於給自己埋了一個不知道何時會炸開的未爆彈。

春秋戰國時期，魏襄王有一次舉辦盛大的宴會宴請群臣。

喝酒喝到高興的時候，魏襄王從王位上站起來，舉起酒杯對眾位大臣說：「希望諸位大臣都能萬事如意、心想事成。」

眾臣之中，有一個大臣叫史起，乘著酒興，對魏襄王說：「在所有的大臣裡，有君子也有小人。如果讓君子心想事成的話，國家就會富強興盛；相反的，如果讓小人心想事成的話，將會危害人民。所以，大王千萬不能這樣說啊！」

魏襄王聽完這番話，不禁有點尷尬，感嘆的說：「如果所有做臣子的，都能夠像西門豹一樣就好了。」

史起又反駁魏襄王：「在魏國，所有井田的劃分方式都是以一百畝爲單位，只有西門豹所管轄的鄴地以二百畝爲劃分的單位，爲什麼會這樣？是因爲缺水，才做這樣的劃分。可是，漳水就在鄴地的旁邊，西門豹卻不知道加以利用，這表示他不夠聰明；如果西門豹知道這件事情可行，但因爲實施起來有困難，爲了怕麻煩而不向大王報告，這叫不忠。由此可見，西門豹不是不夠聰明，就是不夠忠誠，這樣的臣子，大王怎麼能叫我們效法呢？」

魏襄王被史起的話，說得啞口無言。

看人用人厚黑智謀

遇到條件沒有你好，學歷沒有你高，經歷也沒有你豐富，可是待遇卻比你好上數倍的人，不用忿忿不平，也不要懷疑，他絕對有比你還要好的一樣本領，就是「不會跟老闆過不去」。

所謂不跟老闆過不去，說穿了也就是懂得如何拍馬屁。不要以爲拍馬屁很容易，因爲要是不小心拍到馬腿上，那下場可是吃不完兜著走。

雖然歷史上沒有明確的說明史起最後有什麼下場，不過他當衆給魏襄王難堪，下場一定好不到哪裡去。

當然，如果你自認本領過人，也可以不用去拍老闆的馬屁，可是千萬記住一點，那就是不要當面跟老闆過不去！

因爲，如果你像史起一像逞口舌之能，當面得罪了老闆，就等於給自己埋了一個不知道何時會炸開的未爆彈。

普通人最容易成功

很多成功的人，其實都只是普通人。普通人因為知道自己的能力有限，所以會腳踏實地、按部就班的為今後的發展做累積。

春秋時期，魯國有一個擅長馴馬的人，叫做東野稷。魯定公聽說東野稷的本領高強，於是宣他進宮，要他展示自己的馴馬技術。

東野稷果然不負眾望，將馬訓練得服服貼貼，每一匹馬的進退、旋轉等動作都中規中矩，表現得跟人一樣。

魯定公對東野稷的表現讚不絕口，連連誇獎：「真是太棒了，縱然是古代最擅長馴馬的造父再生，他的表現也不過跟東野稷一樣吧！」

魯定公問東野稷是不是所有的馬他都能訓練，東野稷驕傲地回答：「啓稟大王，再怎麼資質駑鈍的馬，我都能把牠訓練得跟千里馬一樣。」

魯定公聽了東野稷的話，於是準備了一匹普通的馬，要他以最快的速度騎一百里，看看會花多少時間。

東野稷騎上馬走了。就在這個時候，大臣顏闔求見魯定公，魯定公一直向顏闔誇獎東野稷的馴馬本領，顏闔聽完，對魯定公說：「東野稷其實沒有什麼了不起的，微臣認為，他騎的那匹馬肯定跑不了一百里！」

顏闔的話還沒說完，東野稷果然騎著馬回來了。魯定公大為驚奇，就問顏闔：「你是怎麼知道馬跑不了那麼遠？難道你也會馴馬嗎？」

顏闔回答：「不只是微臣，任何一個只要對馬有一點了解的人都看得出來結果必然如此。東野稷騎的明明是一匹普通的馬，卻硬要牠達到跟千里馬同樣的速度，這怎麼可能成功呢？既然馬的能力有限，東野稷還要求馬超過自己的能力範圍，所以微臣知道他肯定會失敗。」

很多成功的人，其實都只是普通人。普通人因爲知道自己的能力有限，所以會腳踏實地、按部就班爲今後的發展做累積，而且因爲基礎深厚，自然不會因爲一點風吹草動就被擊垮。

相反的，有不少有點聰明又不太聰明的人，因爲自認才華出衆，所以會好高騖遠，心裡有許多不切實際的期望出現，當自己無法達成或不能立即展現成果時，很容易變得消沉沮喪。

就像故事中的顏闔所說，做超過自己能力範圍的事，必定會失敗。所以，用普通人的方式得到的成功，往往會比聰明人的成功穩定且持久的道理，正是如此。

管理的訣竅就是賞罰分明

言出必行，律令嚴明，會對自己的部隊形成一種整體的約束力和自信心，而這種約束力和自信心就是打仗時勝敗關鍵所在。

身爲團體的核心人物應該要知道，在團體裡最重要的事，就是凝聚團體的共識。只有一個大家互相合作的團體，才有可能挑戰不同的目標。

要凝聚團體的共識，其中最重要的關鍵就是賞罰分明，如果能達到這個要求，這個團體就很少會有做不到的事情。

以下的這個故事，就是一個最好的例子。

春秋末期，越王勾踐經過十年秣馬厲兵，想要復仇雪恨，便問大夫文種：「我想攻打吳國，你覺得可不可以？」

文種回答：「當然可以。我平時訓練兵士的時候，不但賞罰分明，而且令出必行，沒有人敢違抗。大王如果不相信，不妨放火焚燒宮室來檢驗一下。」

越王聽完文種的話，於是就放火焚燒宮室，但是士兵卻因爲未接獲命令而站在原地不動，沒有人來救火。

這個時候，文種下令：因爲救火而死亡，按照陣亡的條例撫恤；因爲救火而受傷的，按照殺敵的規則獎賞；如果不幫忙救火的，就依投降罪論處！

文種的號令一發，原本不動如山的兵士，忽然間像螞蟻一樣開始行動。所有的兵士紛紛前仆後繼幫忙滅火，而且井然有序按照調度行事，雖然行動快速，但是並不慌亂。

過沒多久，士兵們就把熊熊的大火撲滅了。

古代最好的軍隊，都會把軍令看得比帝王還要重要。他們把軍令融入生活當中，舉手投足都想著是否符合軍令的要求，任何事情都不能損害軍令的嚴肅性，而這樣的軍隊，通常都是戰無不勝的。

所以說，言出必行，律令嚴明，首先會對自己的部隊形成整體的約束力和自信心，而這種約束力和自信心就是打仗時勝敗關鍵所在。

我們不難見到，在現代的社會裡，所有成功的頂尖企業，內部的管理方法，其實都是採用這種方式。

果斷放棄，才能繼續前進

想當一個優秀的領導者，在關鍵時刻不要害怕做出放棄的抉擇，因為有的時候，放棄才是成功的開始。

上古時期，周文王的先祖亶父，剛開始是和匈奴人居住在一起的，匈奴人爲了擴大自己的勢力，總是不斷的向亶父挑釁。在這種情形之下，就有人勸亶父應該對匈奴加以還擊，才能鞏固自己的地位。

可是，亶父卻不這麼想，他反倒認爲老百姓只要能過豐衣足食的生活就好了，不一定非得要求他們居在屬於自己的領地內，也不一定只能由自己來統治，因此而大動干戈是不值得的。

況且，土地是爲了用來養活百姓，如果徵調百姓去奪回已失去的土地，這樣肯定會造成許多死傷，爲了土地而犧牲人民更不値得。

就因爲抱持著這種想法，亶父始終沒有對匈奴人發動攻擊。

可是，並不是所有的人都了解亶父的想法。爲了平息某些人心中的不滿，亶父決定遷移到別的地方定居。

他把消息向全國公佈，讓百姓自願選擇去留，結果全國的百姓都爭先恐後的願意跟隨亶父尋找新的住所。

經過艱苦的跋涉，最後亶父帶領衆人到達岐山，在岐山山腳下建立一個新國家，就是周朝的開始。

看人用人厚黑智謀

主事者對組織所有的大小事物，一定要很清楚的區別出輕重緩急的程度，因爲對事物輕重緩急的認知，是下決定的重要指標。一旦混淆了其中的區別，便很容易發生嚴重的錯誤。

亶父的行爲，就是一個很好的典範。在當時的情形之下，亶父爲了避免大規模的損傷，因此毅然決然的放棄既有的領土，一切重新開始，沒想到不但因此建立了更大的國家，甚至還開創了一個朝代。

如果亶父沒有果斷的做出決定，也就不會有後來的成功。

因此，想當一個優秀的領導者，在關鍵時刻不要害怕做出放棄的抉擇，因爲有的時候，放棄才是成功的開始。

不要小看微不足道的人

每個人最可怕的敵人，就是輕敵。能夠戰勝強大對手的人，卻往往因為小小的失誤，而葬送自己的前程。

身爲森林裡萬獸之王的獅子，從來沒有動物敢違逆牠的意思。有一天，獅子在森林裡遇到一隻小小的牛虻，很輕蔑的說：「你這隻微不足道的小蟲，看到本大王來了，還不趕快走遠一點！」

牛虻對獅子的語氣感到很不高興，就對獅子說：「你不要以爲你是萬獸之王就很了不起，我才不怕你。」

獅子被牛虻沒有禮貌的態度激怒了，大吼：「你這個不知天高地厚的蟲子，竟敢這樣對我說話，你難道不怕我一揮手就把你打扁嗎？」

牛虻不但沒有被獅子的怒吼嚇到，還冷笑著說：「不要說你這個萬獸之王了，連比你力氣還大的蠻牛都任由我擺佈，何況你只不過是頭獅子！」

獅子氣得說不出話來，伸出鋒利的爪子就向牛虻打去，牛虻也不甘示弱，開始在獅子的身上恣意亂咬。

獅子和牛虻就這樣你來我往的打得天昏地暗，獅子全身上下被牛虻咬得體無完膚，不論是尖銳的牙齒還是鋒利的爪子，都碰不到靈活的牛虻。

牛虻不但把獅子咬得遍體鱗傷，還把牠弄得暈頭轉向。最後，憤怒的獅子不得不認輸，因爲牠實在沒有力氣再繼續跟牛虻打下去了。

牛虻高興得不得了，想不到森林裡動物聞之色變的萬獸之王獅子，竟然會栽在一隻小小的牛虻手中。

得意洋洋的牛虻在森林裡到處向動物們誇耀自己可以打敗獅子，就在牠誇耀完準備回家的時候，一不小心撞進蜘蛛網裡。於是，這隻連獅子都可以打敗的牛虻，就這樣成爲蜘蛛美味可口的食物。

政治學的領域中，有一個名詞叫「蝴蝶效應」，意指即使是微不足道的小小變化，如果因此就不在意，最後就會因爲這個小變化而產生莫大的損失。畢竟，再微小的變化，還是會造成不斷放大的連鎖反應。

獅子被牛虻打敗，聽起來好像不可思議，但這並非不可能的事。由此可知，每個人最可怕的敵人，就是輕敵；能夠戰勝強大對手的人，卻往往因爲小小的失誤，而葬送自己的前程。

因此，身爲一個領導者，千萬不要小看身邊微不足道的人，也許哪一天，你就是栽在他的手上。

PART 6

你不得不裝成「聖人」

做事情儘量從大處著眼，

不要因為一時的情緒

而把自己的形象破壞得千瘡百孔，

裝一下聖人，你得到的，

會遠比你想像的還多。

小心那些對你好的人

不要以為別人對你的關心，都是出自真心。在不確定對方是不是真君子之前，當個假小人，總比事後發現自己是個蠢人來得好。

春秋戰國時期，趙國國君趙簡子得了重病，自知不久於人世，就把太子趙襄子叫到面前，對他說：「等我死了之後，你不要顧慮別人的看法，只管穿著孝服到代國南面的夏屋山去看一看。到時候，你就會明白我的意思了。」

太子哭著答應趙簡子的交代。等到趙簡子過世，趙襄子繼位，處理完父親的喪事之後，便穿著孝服，對所有的大臣說：「我要到夏屋山去看一看。」

大臣們聽完，全部嚇了一跳，極力勸阻趙襄子：「夏屋山是一個風景名勝，屬於遊玩的地方，怎麼能在服喪期間去呢？而且還穿著孝服去？這不但不合禮法，也是對祖宗最大的不敬啊！請大王三思！」

趙襄子對大臣們說：「這是先王給我的遺命，我不能違抗。」

群臣見趙襄子已下定決心，明白再說什麼都沒有用，只好同意。

當趙襄子穿著孝服，登上夏屋山，看到眺望代國的風景時，被它的壯麗所震懾，剎那間明白了父親的意思：「父親一定是想得到這個地方，因爲自己沒有做到，所以希望我來替他完成！」

趙襄子明白父親的意思之後，就開始想辦法要奪取代國。因爲知道代國的國君喜好美色，於是趙襄子就把姐姐嫁給代國國王，利用姐姐和代國的關係，千方百計的討好代王。代國以出產好馬聞名，代王爲了答謝趙襄子的好意，因而送了很多上等的好馬給趙襄子。

就這樣，雙方友好往來了幾年後，代國對趙國已經毫無戒心。趙襄子看到機會成熟，便一舉出兵併吞了代國，完成父親的願望。

身爲領導者，千萬不要以爲別人對你的關心，都是出自眞心。有的時候，對你好的另外一面，隱藏著對你另有所圖的眞相。

就像趙襄子爲了併吞代國的國土，百般巴結代國國王一樣；領導者對於別人的殷勤及巴結，也不要一下子就被沖昏了頭。

在這個越來越分不清誰是小人、誰是君子的時代裡，面對不熟悉的人之前，最好提高警覺，讓自己先成爲小人。

如果對方是個眞正君子，一定會諒解你的立場。而且，在不確定對方是不是眞君子之前，當個假小人，總比事後發現自己是個蠢人來得好。

你不得不裝成「聖人」

做事情儘量從大處著眼，不要因為一時的情緒而把自己的形象破壞得千瘡百孔，裝一下聖人，你得到的，會遠比你想像的還多。

遠古時期，堯爲了尋找王位的繼承者而尋訪有才能的人。後來，堯聽說有一個叫許由的隱士非常賢能，於是就到處尋找許由，終於在偏遠的山野中找到了他。

堯見到許由，就用非常謙虛的態度，請許由代替自己來治理國家。

可是，許由只想隱居山野，對於世俗的事情完全不感興趣。

他對堯說：「如果是因爲天下治理得不好，而把君主之位讓給別人還情有可原，但現在天下已經治理得不錯，就算由我來治理，也不一定會更好。我只不過是樹林中的一隻小鳥而已，再大的本領也只能佔據一根樹枝罷了。你還是另請高明吧，我不想離開這裡！」

後人因此讚美堯，認爲如果是一般人遇到這種情況，一定會覺得很沒有面子，下不了台；尤其是處在上位的人，例如堯所處的位置。

遇到這種狀況，修養好的人，也許只是在心裡對許由不滿，不會表現出來；如果修養不好的人，就可能對許由產生出某些報復行爲。

然而，堯並沒有那樣，雖然許由拒絕了他，但是他仍然很尊重許由，沒有表現出任何與許由過不去的行爲。

結果，堯的這種行爲給他帶來了更多的有才之士，這些賢士所發揮出來的能量遠非一個許由可以比得上。

看人用人厚黑智謀

以現代的眼光來看，堯的態度，顯示身爲一個領導者，尤其是一個「好」的領導者，是不容許擁有太多私人情緒的，尤其是好惡，更不可以表現出來。

即使堯因爲許由的不給面子而氣得牙癢癢的，表面上還是必須裝出一副不以爲意的態度，這樣才能顯示出自己寬宏大量。

如果想在團體中成爲一個令人心悅誠服的領導者，就要學會如何克制自己；這表示在有的時候，自己必須吃點悶虧。

做事情儘量從大處著眼，不要因爲一時的情緒而把自己的形象破壞得千瘡百孔，這是非常划不來的。

裝一下聖人，你得到的，會遠比你想像的還多。

要講得信任，先消除戒心

消除別人戒心的最好方法，就是使別人相信你。一旦成功得到別人的信任，你接下來提出的要求或意見，就不容易被拒絕了。

不論是哪一種動物，對於不熟悉的事物都會存著戒心，人類也不例外。所以消除戒心，是拉近人際關係的一種必要手段。

爲了消除戒心，有些時候必須使出一些手段，做出一些讓步。至於要做出什麼讓步，我們不妨參考一下吳起的方法。

魏武侯派吳起治理西河，吳起受到重用，決心要有一番作爲。爲了將自己的決心讓西河的百姓知道，吳起想出了一個辦法。

他命人在城的南門外立起一根石柱，然後在城門口貼出一張告示：「如果有人能把這根石柱推倒，就讓他當上大夫，而且不論貧富貴賤，都不例外。」

告示貼出來之後，一直到第二天的傍晚，都沒有人去嘗試推那根石柱，因爲沒有人相信告示上寫的是眞的。

到了第三天，終於有一個年輕人決定去推石柱。他跟圍觀的人說：「試試看也沒有關係，大不了只是沒有賞賜而已，又沒有其他損失。」於是就上前把石柱推倒，然後前去拜見吳起。

吳起聽說有人把石柱推倒，馬上出門迎接推倒石柱的年輕人，並且授與他上大夫的職位，接著，他又在南門外立了一根石柱。百姓們聽說吳起眞的言出必行，於是紛紛到南門去推石柱，只是，這一次吳起把石柱埋得很深，都沒有人推得倒，也就沒有人再獲得獎賞。

不過，從此以後百姓都相信吳起是個說到做到，賞罰不會有貴賤之分的人。因此，只要是吳起所說的話，百姓都願意遵從，吳起也因此把西河治理得井井有條。

對百姓而言，吳起的做法的確能夠得到認同，消除百姓的戒心，可是吳起的做法是相當有技巧的。

吳起貼出的佈告，其實只是爲了拉攏人心而已，那個被授與上大夫職位的年輕人，說不定也是吳起事先安排好的「臥底」。

你沒看到，吳起第二次埋石柱的時候，不是故意埋得很深嗎？這是爲了預防眞的有人把石柱推倒的「安全措施」，否則何必如此做呢？

由吳起的做法，我們可以知道，消除別人戒心的最好方法，就是使別人相信你。一旦成功得到別人的信任，你接下來提出的要求或意見，就不容易被拒絕了。

用「了解」讓人才動起來

打動人最好的方式就是真誠的欣賞和善意的讚許。對一個人才而言，真心的對待與贊同，就是對他能力最好的承認和重視。

春秋時期，齊國的大臣晏子奉命出使晉國，在回國的路上遇見一個將衣服反過來穿的人，這個人背上還背著一大捆草，坐在路邊休息。

晏子看這個人氣宇不凡，知道是個懷才不遇的人，於是上前問他：「你爲什麼看起來這麼落魄？」

那人回答：「我是被賣給人家做奴隸的，我叫越石父。」

晏子明白了越石父的處境，就爲越石父贖了身，帶著他一起回到齊國。到了晏府，晏子一句話也沒對越石父說，就逕自進屋去了。

越石父對晏子無禮的行爲感到非常生氣，要求回去做奴隸。晏子知道這事後，派人出來問他：「我和你素不相識，卻花錢把你贖出來，這樣對你已經是夠好的了，你爲什麼還不知足呢？」

越石父回答：「我做奴隸的時候，是因爲沒有人了解我的才能，所以我對我的處境並不埋怨。現在您既然贖我出來，就表示您了解我，是我的知己。沒想到您對知己還是這樣無禮，那我不如回去做奴隸！」

晏子聽完，急忙從屋內走出來說：「剛才我只是看到您的外表，現在才眞正了解您的爲人。我聽說想讓別人了解自己才能的人，不會在意別人去考察他的名聲，也不會介意別人故意的羞辱，還請先生您不要因爲我剛才的無禮而見怪！」

從此之後，越石父就成爲晏子的上賓。

看人用人厚黑智謀

身爲一個領導者，在看人用人之際必須留意，金錢不是萬能的，還要加上眞誠才可以彌補它的不足。

因爲在生活中，每一個人都有自尊心和榮譽感。對一個人才而言，眞心的對待與贊同，就是對他能力最好的承認和重視。畢竟，打動人最好的方式就是眞誠的欣賞和善意的讚許。

晏子知道，要想把齊國治理好，人才是不可或缺的重要因素，但他也知道人才大都有自己獨特的個性。晏子了不起的地方在於，他不但具備發覺人才的慧眼，同時也有接受人才個性的寬大心胸。

要有聽得進壞話的胸襟

懂得委屈一下自己，讓身邊的人能夠大膽直言而沒有忌諱，在管理上才不會出現死角或漏洞。

春秋戰國時期，有一個叫能意的智者去拜見齊宣王。

齊宣王和能意兩個人在花園中對坐，談話談得很投機時，齊宣王突然問能意：「寡人聽說你的秉性非常耿直，這是真的嗎？」

被問到這個問題，能意提高了語調回答：「我怎麼可能是秉性耿直的人呢？真正秉性耿直的人，不會住在被治理得很差的國家，也不會去見那些不明是非的君主。可是，我現在和您面對面的坐著，我的家也在齊國境內，這樣一來，我怎麼稱得上是秉性耿直呢？」

齊宣王聽完能意的回答，大發雷霆：「你眞是太大膽了，竟敢當著寡人的面污蔑寡人，你是不是不想活了！」

齊宣王隨即吩咐侍衛進來，打算把能意關進大牢。

這個時候，能意平靜地對齊宣王說：「我從小不論對錯，就喜歡和別人爭辯，長大了更是如此，這是我的習慣。大王如果認爲我說得不對，爲什麼不能跟我一起爭辯？如此一來，可以展現你的氣度，也可以表現我的長處啊！」

聽了能意的解釋，齊宣王才明白，於是放了能意。

看人用人厚黑智謀

古時候的明君聖主，最讓後代稱道的就是能忍住自己的愛憎情緒，願意聽取別人的意見，懂得委屈一下自己，讓身邊的人能夠大膽直言而沒有忌諱，就像能意對齊宣王這樣講話。

因爲，多聽建言，如果自己能夠聽到許多腦子裡沒有的意見、主意，在管理上才不會出現死角或漏洞。

想要成爲一個優秀的領導者，要有聽進「壞話」的胸襟。否則，爲了堅持自己的威信和尊嚴，禁止周圍的人講一些與自己想法不一致的話，這樣大家提意見的熱忱就會慢慢消失。

畢竟，一般而言，保存自己是每個人首先考慮的因素，誰會願意冒著被開除的危險，說一些上司不愛聽的話呢？

提防虛情假意的敵人

寓言作家伊索「獵狗與野兔」的故事中寫道：「可疑的朋友比明確的敵人更要不得。讓一個人當你的朋友，或者當你的敵人，這樣你才知道該如何對待他。」

西元二三年，漢室皇族劉玄稱帝，與此同時，有個名叫王郎的占卜者，自稱是漢成帝的兒子，也自立爲帝，建都邯鄲。於是，劉玄派劉秀率軍與謝躬的軍隊一起作戰，結果打垮王郎，攻佔了邯鄲。

謝躬一向與劉秀不和，曾經幾次打算起兵攻打劉秀，只是怕不敵劉秀，才沒有動手。他與劉秀的軍隊共同駐紮邯鄲，難免要發生摩擦。

劉秀工於心計，決定慢慢收拾謝躬。謝躬的部將搶掠民物，謝躬知道後從不向劉秀通報，劉秀心裡雖然不滿，但不露聲色，而且經常當面誇獎謝躬勤於職守。時間久了，謝躬漸漸不再對劉秀有所顧忌。

謝躬的妻子知道這種情況後，時刻告誡丈夫說：「你與劉秀長期以來互不親善，千萬別輕信他的虛情假意，如果不加以防備，終有一天要受他所害。」

然而，謝躬卻把妻子的話當做耳邊風，率領部下回到鄴地駐紮不久，劉秀率兵南下，攻打一支農民起義軍，藉故請謝躬出兵配合，襲擊另外一支農民起義軍。

謝躬答應了他的要求，讓大將劉慶、太守陳康留守鄴城，自己親自帶兵去執行襲擊任務，不料，那支起義軍戰鬥力很強，謝躬的軍隊大敗。

其實，請謝躬配合作戰是劉秀的一條計謀。謝躬一離開鄴城，劉秀一面派偏將吳漢率領軍隊進擊鄴城，一面派一個能言善道的辯士遊說太守陳康，要他歸附劉秀，否則，大兵一到只有死路一條。

陳康見大勢已去，便逮捕了大將劉慶和謝躬的妻子，向吳漢投降。

打敗仗的謝躬完全沒有想到陳康會反叛自己，帶了少數敗兵退到鄴城，見城門開著，便騎馬進去。

不料，劉秀的軍隊早已埋伏在城門左右，隨著一陣鼓聲，伏兵衝出來將謝躬拖下馬來，用繩索緊緊捆住，隨即吳漢從腰間拔出劍來，手起劍落，將謝躬劈成兩段。

謝躬未聽妻子勸戒，輕忽敵人計謀手段，最終落得身首異處的下場。

看人用人厚黑智謀

寓言作家伊索「獵狗與野兔」的故事中寫道：「可疑的朋友比明確的敵人更要不得。讓一個人當你的朋友，或者當你的敵人，這樣你才知道該如何對待他。」

利害攸關的時候，不免兵不厭詐，敵人若善於打持久戰術，必定處心積慮慢慢計劃，以時間換取空間，一步一步地破除你的防心，收集你的弱點，一旦你露出破綻，便一舉攻之，這時，你勢必無法招架。

謝躬便是對劉秀失去了這一層防心，以致於落得慘敗身亡的下場。

讚美別人可以改變自己的命運

美國心理學家威廉．詹姆士說：「人類本性上的企圖之一，是期望被讚美、欽佩和尊重。」

十九世紀初，英國倫敦有一位年輕人矢志要成爲作家，然而，他只受過四年的小學教育，他的父親又因債務而入獄，因此只能過著極其貧困的生活。

後來，他在一座城市裡找到一個貼標籤的工作，夜晚就和另外兩個流浪兒睡在閣樓裡。他對自己的寫作能力一點也沒有信心，只好等到半夜另外兩個睡著了才敢把信寄出去，以免遭人恥笑。

可想而知，稿件大部分被退了回來。但是，後來終於有一次，他的稿件被採用了，有位編輯還在信中對他的這篇文章大加讚揚。

讚揚可以改變人的一生。從此，這位出身貧寒的窮孩子走上了文學之路，並且成爲爲世人所矚目的一代文豪。

這個人不是別人，正是寫下《雙城記》等膾炙人口的查爾斯·狄更斯。

看人用人厚黑智謀

激勵大師戴爾·卡耐基說：「真誠的鼓勵和讚揚就像春天裡明媚的陽光給人的溫暖和激情，它能使失敗成為前進的動力，也能為成功的大廈添磚加瓦。使心與心的距離拉近的最好的方法，就是給人真誠的鼓勵和讚揚。」

美國心理學家威廉·詹姆士也說：「人類本性上的企圖之一，是期望被讚美、欽佩和尊重。」

渴望獲得讚揚，是每一個人心目中的基本願望，即使是小人也不例外。

因此，日常生活中，我們必須經常去讚美其他人，尤其是對於周遭的小人，這更是必要的手段。

對別人而言，他的優點和長處會因爲你的稱讚而得到確認和肯定；而對你自己來說，則表示你已經被別人的優點和長處所吸引，從而產生強烈的認同感。

俗語有云：「精誠所至，金石爲開。」人非草木，孰能無情？只要我們肯用心去讚美別人，就算對方是個只會鑽營的小人，也會被你撥動心弦，不會在背後扯你後腿。

領導者應該注意自己與上司、部屬之間的關係和位置，消除腐朽的官僚作風和高高在上的思想。只有這樣，才有可能得到部屬的擁護，建立自己的威信。

你的競爭對手就是自己

隨時謹記，我們的對手就是自己，由自己決定勝負的標準，就不會為了跟別人比較而讓自己患得患失。

嚴寒的冬天到了，所有的動物都躲起來過冬去了，只剩下黃鼠狼還孤零零的在森林裡遊蕩。因爲動物們都躲起來了，所以黃鼠狼找不到可以吃的食物，只好隨便挖一些野草野菜充飢。

黃鼠狼一向是吃肉的，現在只能靠野菜來過活，怎麼受得了？沒有多久，原本肥肥胖胖的黃鼠狼，就餓得骨瘦如柴，風一吹就會倒。

這一天，飢腸轆轆的黃鼠狼外出找尋野菜的時候，無意間發現了一間倉庫。原來，這間倉庫是附近的農家用來存放糧食的，黃鼠狼看見這個倉庫，高興得不得了，費了九牛二虎之力從牆角挖出一個小洞鑽進去。

從此以後，黃鼠狼就住在這個倉庫裡，這裡又溫暖，又有一大堆食物可吃，黃鼠狼的日子過得非常舒服。過沒多久，原本骨瘦如柴的黃鼠狼，不但恢復成原來肥胖胖的樣子，甚至比以前還胖了許多。

就這樣又過了幾天，正當黃鼠狼吃飽喝足的時候，忽然聽到一陣人類的腳步聲。原來是有人要進來拿食物，黃鼠狼知道，一旦被人類發現自己住在這裡，肯定活不了！黃鼠狼於是打算先從洞裡鑽出去，等人類走了以後再進來。

黃鼠狼急急忙忙跑到牠挖出來的洞前，沒想到竟然鑽不過去了。

原來，黃鼠狼剛進來的時候，瘦得跟竹竿一樣，隨便一個小小的洞就可以鑽進來。現在不一樣了，牠在倉庫裡每天吃飽了睡，睡飽了吃，身材像吹氣球一般，當初小小的洞怎麼還鑽得過去呢？

黃鼠狼這個時候才知道事情嚴重，連忙想把原來的洞口挖大，可惜已經來不及了。就在黃鼠狼挖洞的同時，人類早就進了倉庫；把自己養得肥肥的黃鼠狼，就順理成章的成爲人類桌上的菜餚。

一提到對手，我們馬上就會聯想到其他和我們競爭的人，或是一些互扯後腿，勾心鬥角的畫面。然而，所謂的對手，絕對不只是這樣而已。只把對手想成是其他人，是領導者一個很大的盲點。

眞正的對手，其實是自己本身，因爲如果想要更進一步，我們就會設定更遠大的目標，所以就競爭而言，「現在的自己」，才是必須努力超越的對象。

黃鼠狼就是忘了這一點，以爲找到了一個暫時的棲息地就代表可以免除危險。正是因爲牠不知道「超越現在的自己」，最後才會栽在自己的手上。

隨時謹記，我們的對手就是自己，由自己決定勝負的標準，就不會爲了跟別人比較而讓自己患得患失。

不聽勸告，就會被貓吃掉

一個成功的人，不會拒絕聽取別人的勸告，因為勸告是別人的眼光和智慧，自己不足的地方，就需要靠勸告來彌補。

有一隻非常聰明的貓，知道許多不同捕捉老鼠的方法。因為這隻貓從來沒有失手過，所以每一隻老鼠都非常怕牠，視牠為老鼠的剋星。

由於這貓的主人是開麵粉廠的，對在廠裡到處亂竄的老鼠深惡痛絕，所以養了這隻貓。後來，看到這隻貓捕捉老鼠的效果，比捕鼠和或滅鼠藥還好，於是就把消滅老鼠的責任交給牠。而這隻貓也不負主人對牠的期望，每天都會抓到許多老鼠。

這隻貓抓老鼠有很多方法，例如，當牠看到老鼠躲在洞裡不敢出來時，牠就會把自己倒吊起來，讓老鼠還以為牠因為犯了錯，而被主人吊起來懲罰。老鼠看到貓動也不動，就會慢慢從洞裡出來。

剛開始，老鼠還只是試探性的出來走幾步，又立即縮回洞裡。漸漸的，老鼠看到貓還是沒有動靜，便以爲已經安全了，就開始出來找東西吃。於是，聰明的貓就趁老鼠放鬆戒心的時候，以迅雷不及掩耳的速度把老鼠們一隻隻抓住。

除了倒吊裝死之外，這隻貓還有另一個誘騙老鼠的方法，就是僞裝。牠會把自己全身都塗上麵粉，然後縮成一團，藏在一個打開的麵粉箱裡。因爲僞裝得太逼眞了，許多老鼠都因此上當，成爲貓的點心。

在這些老鼠裡面，有一隻年紀最大的老鼠，是唯一被這隻貓抓住，還能逃出來的，但牠的尾巴也因此被貓咬掉了。

這一天，貓又故技重施，僞裝成麵粉躺在麵粉箱裡，其他年輕的老鼠準備出去找食物的時候，年紀大的老鼠就用自己斷掉的尾巴做例子，諄諄告誡這些年輕的老鼠千萬要小心謹愼。

可惜，年輕的老鼠嫌年紀大的老鼠倚老賣老，根本就不聽勸告。因爲已經打開的麵粉箱很容易跳進去，年輕老鼠貪圖便利，結果就這樣被貓捉到了。

有些人會覺得，接受別人的勸告是一件很沒有「面子」的事情，所以往往等到吃虧上當，連「裡子」都失去的時候，才來後悔其實原來面子根本不算什麼。

正因爲如此，在日常生活中或競爭過程裡，我們經常見到，許多像年輕老鼠一樣，成爲貓的美食的事情不斷在發生。

一個成功的人，特別是優秀的領導者，不但不會拒絕聽取別人的勸告，反而還會希望隨時都能聽到一點勸告。因爲勸告代表的是別人的眼光和智慧，自己不足的地方，就需要靠勸告來彌補。

別人的一句話能讓自己得到更多，這麼划算的報酬率，何樂而不爲呢？

不怕小人，只怕雙面人

要避免自己成為雙面人的犧牲品，最好的方法就是睜大自己的眼睛，確定對你好的人是真的對你好之後，再做決定也不遲。

經過長時間爾虞我詐的對抗之後，雙方都沒有佔到上風，爲了化解僵持不下的局面，狼終於決定和牧羊狗以及羊群達成協定，從此雙方再也不互相傷害。

這項協定不只對羊群有好處，對狼來說，也是相當有保障的。雖然狼吃掉不少的羊群以及一些牧羊狗，但是在牧羊狗的幫助下，牧羊人也捉了不少狼，用牠們的皮來做衣服。總之，雙方都沒有得到完全的好處。

爲了表現誠意，狼還主動把出生沒多久的小狼都交給牧羊狗和羊，表示如果以後還有狼吃羊與牧羊狗的話，這些小狼就任憑牠們處置。

羊和牧羊狗看狼表現得這麼有誠意，也就放下了戒心，不再對狼產生懷疑，從此以後，狼和羊就像一家人一樣，彼此常常來往。

這種情況看在其他動物眼裡，覺得非常不可思議。

有些動物不相信狼會這麼老實，私底下就警告羊與牧羊狗。但牠們認爲狼連剛出生的小狼都願意交給牠們，表示狼是眞的有和平共處的誠意，所以對於其他動物的勸告，羊與牧羊狗都只是一笑置之而已。

狼和羊就這樣過了一段互不侵犯的日子。

等到剛出生的小狼長大了，原本友善的狼就開始恢復本性，趁著羊與牧羊狗沒有防備，老狼帶著小狼們大肆地攻擊。牧羊狗們因爲長期過著安逸的生活，再也沒有辦法抵擋狼的攻擊，於是，狼大獲全勝，咬死了許多羊，並帶著牠們成群結隊的回到森林裡。

牧羊狗也是死傷慘重，除了被狼襲擊造成的傷亡之外，牧羊人也因爲大量羊群被狼叼走，而把牧羊狗殺了，用牠們的毛皮來彌補自己的損失。

相信小人的言行，是全天下第二愚蠢的行爲。也許你會問：那最愚蠢的行爲是什麼？天下最愚蠢的行爲，就是相信雙面人的話。

雙面人和小人是有差別的，最明顯的差別就是小人有跡可尋，雙面人卻是笑裡藏刀，令人防不勝防。除此之外，小人通常只知道維護自己眼前的利益，雙面人則懂得「放長線，釣大魚」的道理，所以，當雙面人做出犧牲的時候，往往也是他有把握連本帶利賺回來的時候。

就像故事中的狼，爲了達到目的，甚至不惜以自己的孩子作爲取得羊信任的工具。在現實生活中，這種情況也層出不窮，肩負著團體命運的領導者，要避免自己成爲雙面人的犠牲品，最好的方法就是睜大自己的眼睛，當你確定對你好的人是眞的對你好之後，再做決定也不遲。

PART 7

把精力留給對你有用的人

與其花時間對付小人，
不如想辦法找尋對你有用的人。
如此一來，自然會有人幫你應付小人，
你成功的機率也會因此大增。

把精力留給對你有用的人

與其花時間對付小人，不如想辦法找尋對你有用的人。如此一來，自然會有人幫你應付小人，你成功的機率也會因此大增。

我們的生活周遭，存在著兩種人：一種是對我們有幫助的人，另一種則是小人。小人的特性，就在於小人的心理難以捉摸、眞假難辨。

爲了避免掉入小人的陷阱，我們往往要耗費許多的精神來應付，可是，在應付小人的同時，我們也許會因此失去尋找眞正對我們重要的人。

戰國時期，齊國宰相靜郭君的門下，有一個他非常器重的食客劑貌辨。但劑貌辨個性耿直，剛直不阿，對任何人都不假辭色，造成其他食客對他的不滿，其中有一個食客因此向靜郭君進言。

靜郭君非常不高興，就將這個食客逐出門下。

連靜郭君的兒子孟嘗君，也看不過去父親爲了劑貌辨而逐出其他食客。

孟嘗君向父親提出勸告時，沒想到靜郭君大怒，對他說：「只要能讓劑貌辨高興，我連妻子都可以不要，何況是區區一個食客！」

靜郭君對劑貌辨的禮遇，由此可見一斑。

過了幾年，齊威王死了，太子齊宣王即位。因爲靜郭君和齊宣王的關係不好，於是靜郭君主動請求到薛地隱居。後來，劑貌辨爲了化解齊宣王和靜郭君的不和，向靜郭君提出去見齊宣王的要求。

靜郭君勸劑貌辨千萬別去：「宣王原本就和我有嫌隙，你如果去當說客的話，他一定會殺了你的。」

劑貌辨回答：「這是我應該做的事！」

靜郭君見劑貌辨堅持，只好讓他去。

齊宣王知道了這件事之後，心中很不高興。等劑貌辨來到，齊宣王諷刺地問：

「聽說靜郭君對你言聽計從，甚至到了沒有你就不行的地步。既然如此，你不留在薛地，到這裡來做什麼？」

劑貌辨沒有生氣，平靜地回答：「靜郭君並沒有對我到言聽計從的地步。在您還是太子的時候，我就對靜郭君說，太子的品行不端，以後肯定會罷黜你，還不如趁現在勸大王廢掉他，立衛姬的孩子校師爲太子。靜郭君聽完我的話，流著淚對我說：『不行，我的良心不讓我這麼做！』如果當初靜郭君聽了我的話，現在就不用被您流放到薛地了。」

「除此之外，靜郭君被您貶黜到了薛地之後，楚國將軍昭陽願意用比薛地還大數倍的地方跟靜郭君交換薛地。當時，我勸靜郭君答應，靜郭君卻說：『這塊地是先王封給我的，雖然我現在和宣王有嫌隙，但如果因此交換，我怎麼對得起先王？而且祭奠先王的廟堂也在這裡，我怎能把先王的廟堂交給楚國人呢？』您說，這叫對我言聽計從嗎？」

劑貌辨的一席話，不但化解了靜郭君和齊宣王之間的嫌隙，後來，齊宣王還繼續任用靜郭君爲相國！

把時間花在和小人的鬥法上，是最愚蠢的行爲。既然，任何環境都擺脫不了小人的存在，那倒不如去尋找能夠幫助你的人來合力對付小人。

靜郭君就是因爲明白這個道理，所以才想盡辦法籠絡劑貌辨，因爲他知道個性耿直的劑貌辨有能力替他擺脫小人的糾纏。

由此可知，與其花時間對付小人，不如想辦法找尋對你有用的人。如此一來，自然會有人幫你應付小人，你成功的機率也會因此大增。

把「致命」轉變為「致勝」

不要視逆境為畏途，而要用正面的機會觀點來看待逆境，也許致命的危機，就會變成致勝的轉機。

春秋時期，吳越兩國在會稽交戰，因爲越國戰敗，導致越王勾踐被俘虜。

勾踐在吳國受盡各種侮辱，但是他憑著頑強的毅力支撐了下來。回到越國後，勾踐爲了東山再起，決定開始改變自己。

勾踐和百姓同甘共苦，吃的是自己親手種的糧食，穿的是妻子親手織的布衣，從來不吃稀有的菜餚，不穿貴重的衣物，而且衣服從不用兩種以上的顏色。

每次出門，勾踐都帶著很多食物，遇到那些孤寡老弱和因窮困而吃不飽的人，就親自把食物分給他們。

就這樣過了幾年，全國百姓對勾踐的向心力與日俱增。

越王看到時機已經成熟，於是召集朝廷官員，對他們說：「現在，我們向吳國復仇的機會來了。如果我們自己沒辦法打敗吳國，那就和與我們有外交關係的諸侯結盟，共同打敗吳國；要是這樣還不能打敗吳國，那我就會離開自己的國家，改名換姓，到吳國宮中做奴僕，找機會刺殺吳王夫差！雖然這種做法不太妥當，會遭天下人恥笑，但是我已經下定決心，不殺吳王，誓不為人！」

勾踐這一番慷慨激昂的話，大大鼓舞了越國臣民的士氣。

過了不久，吳越兩國果然大戰於太湖。這一場戰役，吳國被越國殺得大敗，越軍乘勝追擊，包圍了吳國都城姑蘇，俘虜了吳王夫差，殺了宰相太宰嚭。兩年之後，勾踐就成了諸侯中的霸主。

看人用人厚黑智謀

在不景氣的環境之下，絕大多數的上班族都會認為自己處於逆境當中，就連經營管理階層也有朝不保夕的危機感，此外，在社會激烈的快速變化下，對於將來懷抱不安全感的人也不少。

可是，在這種情形之下，依然有領導人能夠在工作崗位上表現傑出，帶領團隊締造佳績。這是爲什麼呢？

因爲這些人，懂得運用逆境帶來的機會。

如果沒有逆境，就不會知道該怎麼改變自己。就像故事中的勾踐，要是沒有經歷過戰敗的恥辱，也就不會有後來稱霸諸侯的豐功偉業。

所以，身爲領導者，不要視逆境爲畏途，而要用正面的機會觀點來看待逆境，也許致命的危機，就會變成致勝的轉機。

沒有近憂，也要有遠慮

領導人在順境的時候，自滿是難免的，但是如果能在自滿之餘多一些謹慎與保留，這個順境就能停留得久一點。

只有了解自己，才有可能了解別人。

這個道理說起來很簡單，做起來卻不是那麼容易。所謂的了解自己，不是只有了解自己的個性這般簡單，還要加上對自己所處的情境、周圍的朋友有相當的理解和認識，以及敏銳的觀察力。

如此一來，才能在瞬息萬變的趨勢中，立於不敗之地。

趙國的大將率兵攻打翟國，在短短的一天之內，就佔領了翟國的兩座城池，趙國的大將連忙派人回趙國向國君趙襄子稟報戰果。

當時，趙襄子正在吃飯，聽到佔領兩座城池的消息，臉上不但沒有露出高興的神色，還愁眉不展。

左右的人看到趙襄子的表情，就問：「一天之內順利佔領兩座城，這是每個人聽了都會覺得高興的好消息啊，您爲什麼反而不高興呢？」

趙襄子神色凝重地回答：「不論多大的狂風暴雨，都是一下子就會停止；太陽升到正中央，接下來就會往西沉。現在，我們並沒有爲翟國老百姓做過什麼有益的事，卻在一天之內佔領了他們兩座城池，這難道不是趙國快要衰微的徵兆嗎？又有什麼值得高興的呢！」

孔子聽到趙襄子說的話之後，感慨的對門徒說：「趙國看起來要昌盛了！對國家的事務，總是從壞處想，這才是昌盛的開始；如果只會從好處來想，認爲所有的事都沒問題，這才是國家衰敗的徵兆啊。要得到一時的勝利並不困難，難的是要永遠立於不敗之地。一個好的國君，是要能夠事先考慮事情會出現什麼不利因素，如此他們所獲得的成就才能延續到後世。齊、楚、吳、越四國，都曾經顯赫一時，可是最後都衰微了，這都是不能做到居安思危所帶來的後果啊！」

看人用人厚黑智謀

所謂的憂慮，並不表示杞人憂天，而是指具備不同角度看事情的能力。趙襄子得到孔子稱讚的地方，就在於趙襄子不但沒有因爲眼前的勝利而得意忘形，還能藉由勝利讓自己不能怠惰。

一般而言，領導人在順境的時候，自滿是難免的，但是如果能在自滿之餘多一些謹慎與保留，這個順境就能停留的久一點。

也就是說，能夠隱藏自己的優勢，同時彌補自己不足的領導人，成功的果實才能享受得更加長久。

在人生戰場做自己命運的統帥

柯林斯在《大戰略》一書中強調：「幾乎每一個成功的戰略家，都有像棋手那樣把問題想得透徹的習慣。」

東漢末年群雄爭霸，曹操在消滅黃巾賊後占據兗州地區，繼而又揮師東進，準備奪取徐州。

但是，兗州豪強張邈趁機勾結呂布，襲破兗州大部分地方，並占領兵塞要地濮陽。於是，曹操急忙從徐州撤兵回來，向屯駐濮陽的呂布發動反攻。

呂布十分慓悍，雙方相持日久，曹操一時無法取勝。

不久，徐州守將陶謙病死，把徐州讓給了劉備，曹操爭奪徐州的心情更爲迫切，想要先取下徐州再來消滅呂布。

這時，曹操的謀士荀彧，勸諫曹操切勿急於進兵徐州，以免呂布乘虛而入。他分析說：「眼下正值麥收季節，據報徐州方面已動員人力加緊搶割城外麥子之後，運進城去，這表明他們對可能發生的戰爭有所準備。收盡麥子，對方必然還要加固防禦工事，撤退四野居民，轉移糧草、物資。這樣一來，我們的軍隊開到那裡，勢必無法立足。對方用『堅壁清野』的辦法對付我們，到那時，攻不能克，掠無所得，不出十天，全軍就要不戰自潰……」

曹操聽了荀彧的分析，十分佩服，決定不再分兵東進，轉而專心與呂布對壘，果然大敗呂布，平定兗州。

看人用人厚黑智謀

柯林斯在《大戰略》一書中強調：「幾乎每一個成功的戰略家，都有像棋手那樣把問題想得透徹的習慣。」

兩軍對峙，處於守勢的一方，當然不可呆呆等著別人來攻擊，但與其胡亂進攻，不如作好萬全的準備，以逸待勞。

加強自己的防禦能力自然是首要工作，接下來不但要先準備好退路，也應該預設最壞打算，萬一抵擋不住敵人淩厲的攻勢，不得不棄城退之時，也要讓敵人無法運用遺留下來的資源再來追擊，如此才有機會拖延敵軍戰力，制敵機先。

在人生戰場也是如此，必須預見情勢的可能發展，做好萬全的準備，才能成爲自己命運的統帥。

方法不正確，如何事半功倍？

選擇的方法不正確，不僅結果背道而馳，南轅北轍，更是緣木求魚，浪費時間且徒勞無功。

孟子，名軻，是戰國時的思想家、政治家、教育家。當時，七雄紛爭，戰事不斷，孟子周遊列國，推行仁政，最後來到齊國，被齊宣王拜爲客卿。

有一次，齊宣王和孟子閒談。孟子意有所指地問齊宣王說：「大王動員全國的軍隊，讓將士們冒著生命危險去攻打別的國家，難道只有打敗了別的國家，您的心裡才會痛快嗎？」

「不！不是打敗了別的國家我才感到痛快。我這樣做，不過是爲了滿足我最大的慾望罷了。」齊宣王說。

「那大王最大的慾望是什麼呢?」孟子問。

齊宣王笑了一笑,沒有回答。孟子便又說:「是因爲好東西不夠吃,還是好衣服不夠穿呢?是因爲宮中的藝術品不美呢?還是宮中的音樂不動聽呢?是因爲侍候你的人太少呢?還是……?」

齊宣王搖頭說:「不,都不是!」

「喔,那我明白了,大王的最大慾望是想征服天下,稱霸諸侯。但是,如果用你的辦法去滿足你的慾望,就好像爬到樹上去抓魚一樣,那肯定是徒勞的。」

「事情竟有這樣嚴重許多嗎?」齊宣王問。

「恐怕比這還要嚴重呢!爬到樹上去捉魚,最多就是抓不到魚,還不至於有什麼禍害。如果想用武力來滿足自己稱霸天下的慾望,不但達不到目的,相反會招致難以預測禍害。」

接著,孟子向齊宣王說明,小國和大國不能爲敵,弱國和強國不能爲敵,而齊國不能同天下爲敵的道理,要想稱霸天下,必須實行仁政。

美國作家門肯曾說：「庸才之所以平庸，基本上就是因為他們的思想愚昧無知，而且老是固執己見。」

人若固執己見，就會用不正確的方法做事，而且不聽別人勸諫。

一個領導者才能平庸並不可恥，可恥的是無法判斷別人的建議是否對自己有益，也不願虛心接納。

孟子認爲要統一天下，應從改革政治、施行仁政下手，若無法使百姓生活安定，人心歸服，是靠武力霸道是行不通的。

選擇的方法不正確，不僅結果惠和自己的願望背道而馳，南轅北轍，更是緣木求魚，浪費時間且徒勞無功。

所以，處事不應心急求功，而要辨明方向，選定正確的策略方針、執行方案，才能事半功倍，輕鬆達成目標。

尋求幫助，不要找錯對象

能力再強的人，都會有需要幫助的時候。既然需要幫助是人之常情，那麼，我們勢必要學會如何找到正確的人來幫助自己。

有一個園藝師在村子裡擁有一座很漂亮的花園，在他精心設計下，花園裡到處都是漂亮的花草樹木。可是，不知道從哪裡跑來了一隻山豬，趁晚上夜深人靜的時候跑到花園裡恣意踐踏，把好好的一座花園搞得亂七八糟。

園藝師非常生氣，但又無計可施，於是就跑去找村子裡的獵人，跟他說：「不知道從哪裡跑來一隻山豬，這幾天到處破壞我的花園，如果你能把山豬抓到的話，我一定會重重酬謝你的。」

獵人聽完，就對園藝師說：「包在我身上，不要說區區一隻山豬，就連熊我都不知道打死過幾隻了，放心吧！」

事情就這樣決定了。第二天，這個獵人帶了一堆人到園藝師家，一看到園藝師，就對他說：「我今天帶來的人，全都是獵捕山豬的好手，我們保證，一定會把弄壞你花園的山豬抓到。」

園藝師看到這麼多人來，連忙叫自己的妻子和女兒準備食物來招待他們。獵人們也毫不客氣，開懷大吃了起來，一伙人一邊吃，一邊還調戲園藝師的女兒：「好漂亮的小姐！幾歲啦？該嫁人了吧！」

獵人們不但言語輕薄，有些更過分的人還動起手來。園藝師看到這種情形雖然很生氣，但是又不敢大聲斥責一群帶著槍的獵人，只好忍氣呑聲的叫女兒回房間，自己一個人伺候這些獵人。

這些獵人在園藝師的家就彷彿像在自己家一樣，任意發號施令，把園藝師忙得團團轉。等到所有的獵人都吃飽喝足，才終於準備開始捕捉山豬；這些人在花園裡到處挖陷阱、架網子，園藝師在一旁看著獵人們爲了設置陷阱而把花園弄得一塌糊塗，心痛得不得了。

好不容易等到山豬出現了，獵人們拿著槍到處追捕驅趕，山豬趁獵人們一團混亂的時候，從他們不小心挖錯的洞口溜走。

園藝師看著滿目瘡痍的花園，欲哭無淚地對獵人說：「你們短短一小時所造成的損失，還遠超過山豬幾天來的損失。你們的確比山豬厲害！」

看人用人厚黑智謀

能力再強的人，還是會有需要幫助的時候。既然需要幫助是人之常情，那麼，我們勢必要學會如何找到正確的人來幫助自己。

在這個社會中，名實不符的人越來越多，許多看起來光鮮亮麗的頭銜或地位，其實都只是虛張聲勢的表象而已，只有具備看人用人的精準眼光，才不被這些表象困住，才能找對自己有幫助的人。

否則，一旦找錯對象，最後的結局，就會像故事中的園藝師，欲哭無淚地埋怨自己有眼無珠了。

順耳的忠言才能達到勸告的目的

勸告最重要的技巧，就是要明白人們比較容易聽得進和自己想法一致的意見。一味的直話直說，反而會遭到反感。

有一隻見多識廣的燕子，在旅途中飛到一座農村。在農村裡，正好是播種的季節，因為食物豐富，所以吸引了成群的麻雀來這裡覓食。

燕子看到這個情形，就對小鳥們說：「我到過很多地方去旅行，知道當人們等農作物收成，有空閒的時候，就會開始捕獵麻雀。所以，你們在覓食的時候不要忘記順便貯存一些食物，這樣一來，等到人們有空的時候，你們就可以躲起來，等到下一次耕種的時候再出來覓食。」

麻雀們覺得燕子的話十分荒謬可笑，牠們又沒有破壞人們的農作物，人們為什麼要捕殺牠們呢？麻雀們覺得燕子所說的話是在危言聳聽，根本不理會牠的勸告，照樣隨心所欲地去覓食。

過了一段時間，農作物快成熟了，燕子很著急的對麻雀說：「趁農作物還沒收割的這段時間，你們快點準備一些食物貯存。」

面對燕子苦口婆心的勸說，麻雀不但不領情，還很不耐煩的對燕子說：「你不要一天到晚淨說些不會發生的事，你不煩，我們都煩了！」

眼看農作物就要收割了，燕子最後一次警告麻雀：「一旦人們收割完畢，你們就要遭殃了。最好的辦法是像我一樣飛到南方，不然就是找地方躲起來。可是你們又沒辦法長途飛行，爲了保命，你們最好趕快找地方躲起來吧。」

燕子說完就飛走了，可是麻雀們還是把燕子的忠告當成耳邊風。結果，果然像燕子所預測的，空閒下來的人們，開始以捕捉麻雀爲樂。不聽勸告的麻雀，就這樣成了人們餐桌上的美食。

勸告是需要技巧的，如果沒有適當的說話技巧，原本的一番好意，可能反而會造成彼此之間更大的誤會。

勸告最重要的技巧，就是要明白人們比較容易聽得進和自己想法一致的意見，一味的直話直說，反而會遭到反感。

忠言不一定非得逆耳，順耳的忠言，才能達到勸告的目的。

勸告本來是出自好意，如果因此而使人誤會的話，就失去了勸告的初衷。故事中的燕子，就是因爲不懂得婉轉的表達出自己的好意，結果不但自己被誤會，也沒有達到勸告的效果。

誰說蝙蝠不會變成老鷹？

在這個充滿變革的時代，只有學會用不同的方式思考問題，才能擁有一席之地。有隨機應變的本領，才能救自己脫離險境。

有一隻蝙蝠，不小心闖進了牠的天敵黃鼠狼的家。

這隻黃鼠狼年紀大了，不方便外出覓食，見到自動送上門的獵物，高興得恨不得一口把牠吞進肚子裡。

黃鼠狼一把抓住蝙蝠說：「我沒有去找你，你倒自動跑到我家來了。你不要怪我，這只能算你的運氣不好。」

黃鼠狼正準備大口吃掉蝙蝠的時候，蝙蝠連忙說：「先別急著吃我，你先看清楚，我跟你一樣都是黃鼠狼啊！」

黃鼠狼停下了動作，充滿懷疑的問：「你怎麼會是黃鼠狼？你明明是蝙蝠啊！」

蝙蝠回答：「我眞的是黃鼠狼，你要是不相信，窗邊比較亮，你可以把我帶到那裡仔細看看，你就會知道我沒有騙你了。」

於是，黃鼠狼就慢慢把蝙蝠帶到窗戶邊，正準備仔細打量一番時，蝙蝠趁機一溜煙就從窗外飛走了。

原本逃過一劫的蝙蝠，沒想到過幾天又不小心飛到這隻黃鼠狼的家中。

黃鼠狼看到蝙蝠，很高興的說：「你這隻狡猾的蝙蝠，上次讓你逃走了，這次我不會那麼容易被你騙了！」

落入黃鼠狼手中的蝙蝠，故作鎭靜的對黃鼠狼說：「什麼跟什麼！我根本從來就沒見過你，我是隻老鷹啊！」

黃鼠狼生氣的說：「你不要想再騙我了，哪有像你這麼小的老鷹？」

蝙蝠回答：「我只是幼鷹而已，你要是敢吃我，我爸爸一定不會放過你的！」

蝙蝠不慌不忙的態度讓黃鼠狼開始遲疑，蝙蝠就趁這個時候從黃鼠狼的手中掙脫，一下子就不見蹤影了。

如果故事中的蝙蝠不懂得隨機應變，只會遵循一定的思考邏輯，那牠的下場早就成爲黃鼠狼的晚餐了。

我們生活的環境不是一成不變的，在競爭劇烈的現代社會，不可預期的情形隨時會發生。如果一個領導者的思考方式只侷限在「合理」的範圍內的話，那麼整個團體遭到淘汰是遲早的事。

在這個充滿變革的時代，只有學會用不同的方式思考問題，才能擁有一席之地。蝙蝠因爲有隨機應變的本領，所以才能三番兩次的救自己脫離險境。蝙蝠都能變成老鷹了，還有什麼辦法是不可行的呢？

不要選擇無法實現的創意

創意沒有跟現實環境的情況互相配合，往往會弄巧成拙。創意不等於胡思亂想，無法實現的創意，只能算是「心意」而已。

古時候，魯國有個叫公孫綽的人，喜歡到處跟別人宣揚，說自己有一種能把死人救活的靈丹妙藥。

聽過的人都覺得很好奇，於是爭相詢問公孫綽，這種靈丹妙藥是怎麼回事。

公孫綽說：「我有一種藥，對治療半身不遂的效果很好，而半身不遂的人只不過比死人多一口氣而已。所以，只要我把藥的分量加倍，不就可以救活死人了嗎？」

聽完公孫綽這番似是而非的解釋，大家都罵他是瘋子，嘲笑他說死人和半身不遂的人怎麼能相提並論！

在宋國的高陽，有個人想要蓋一間新房子。當他選好木料，準備動手的時候，家中的僕人勸他：「這些木頭都還是濕的，經不住重壓。如果用它們來蓋房子，沒多久一定會垮下來。」

沒想到這個人卻回答：「照你的說法，用濕木頭蓋房子才好。因爲木頭會越來越乾，就越來越有支撐力，這樣房子怎麼會倒呢？」

這個人不聽勸阻，還是堅持用濕木頭蓋房子。結果，房子才蓋好沒多久，就因爲承受不了重量而倒塌了。

看人用人厚黑智謀

所謂的創意，指的是從不同的角度看待事情，一旦看事情的角度變了，多元化了，新的想法也就會產生。

創意說起來很容易，但是在執行的過程中，必須懂得如何平衡各種不同的角度。如果平衡得不好，表面上看起來好像能解決問題，可是實際上不是根本起不了作用，就是造成反效果。

創意用錯了地方，或是經不起檢驗，就會變成笑話，就像故事中公孫綽的「靈丹妙藥」，以及高陽人蓋房子一樣。

平心而論，他們的想法其實都很有創意，卻因爲沒有跟現實環境的情況互相配合，以至於弄巧成拙。

因此，英明的領導人在用人之時必須留意，創意不等於胡思亂想，無法實現的創意，只能算是「心意」而已。

PART 8

活用戰術，創造自己的優勢

如果你單單依恃先天條件或是前人庇蔭，
不再努力增進自己的實力，
原有的優勢反而會成為前進的阻礙。

當心來自背後的冷箭

如果你已在有意無意間得罪了人，在彼此心結未開之前，還是小心謹慎些，多多提防來自背後的冷箭。

北宋時期，有位著名的詩人蘇舜欽，年少時即有大志，後來經范仲淹推薦，升任進奏院主官，並參加了以范仲淹爲首的政治革新派。

他屢次上書仁宗皇帝，議論時政得失，批評當時的宰相呂夷簡處事有誤，引起呂夷簡不滿，處心積慮想抓住把柄，陷害蘇舜欽及改革派。

有一年秋天正逢賽神會。以往，各官署衙門都要進行歲末盤點，將多餘的東西拿出來變賣，然後再用這筆錢盡興地吃喝一頓。

這一年，蘇舜欽爲了想在賽神會這天讓大家玩樂得更痛快些，依照慣例把進奏院裡拆下的舊公文封套變賣換錢，而且自己也拿出了十千錢來，作爲玩樂的花費。其他接受聚宴邀請的人也共襄盛舉，分別拿出錢來湊足餘數。

大家吃喝得正高興的時候，蘇舜欽又請了一些歌女來陪酒助興，炒熱氣氛。當時的太子中舍官名叫李定，希望能參加聚會，沒想到卻被拒絕了，李定因此懷恨在心，便在京城裡到處宣揚蘇舜欽等官員鋪張無度，恣意尋歡作樂。

平時與呂夷簡交好的御史劉元瑜知道了這件事，連忙上奏章向仁宗皇帝報告。宰相呂夷簡一見有機可乘，也跟著在皇帝面前說了蘇舜欽許多壞話。

皇帝聽了大怒，不僅把蘇舜欽賣出拆下來的舊公文套一事，定爲「監守自盜」罪，更撤掉了蘇舜欽的官職。其他參與宴會的人，不是免官就是降職，有的還被調到邊境，致使革新派受到沉重的打擊。

劉元瑜見此狀況，便得意洋洋地對宰相呂夷簡說：「我總算替您把蘇舜欽等一夥人全部肅清，一個也沒遺漏。」

人與人之間，難免會因為立場不同或利益衝突等原因，而發生嫌隙，甚至結下仇怨。有時候，即使在當下是自己占了優勢，也難保對手不會懷恨在心、暗中報復，身後的冷箭往往防不勝防。

蘇舜欽以為自己行事合宜，沒有什麼見不得人，但是在有心人處心積慮運作之下，卻能顛倒黑白，令他難以辯駁，一場適逢節慶忙裡偷閒的聚會，在呂夷簡等人的惡意抹黑之下，成了罪不可赦的惡行。

有競爭就有忌恨，不管在商場或職場，都不可輕易鬆懈，因為對手隨時虎視眈眈等著你出差錯的一天。如果你已在有意無意間得罪了人，更不可掉以輕心，在彼此心結未開之前，還是小心謹慎些，多多提防來自背後的冷箭。

莫長他人志氣，滅自己威風

當兩軍對峙，勢均力敵、實力相當的時候，最怕傳出對自己不利的消息，有時即使是空穴來風，也極可能造成軍心動搖，進而影響戰局。

西元前四六八年，晉國的大夫荀瑤率大軍討伐鄭國。

鄭國在春秋初期雖然是個強國，後來國勢卻日漸衰微，反成爲一個弱小的諸侯國，夾在諸大國之間，進退兩難。

鄭國國君一時抵擋不住晉軍的進攻，連忙派大夫公子般到齊國求救。

齊平公不願讓晉國吞併鄭國而變得更加強大，日後可能成爲齊國的威脅，於是即刻派大夫陳成子率軍前去救援。

當陳成子率軍到達濮水河岸的時候，下起大雨，士兵們都不願意冒雨過河。

從鄭國前來擔任嚮導的子思見狀，催促說：「晉國的兵馬就在敝國都城的屋子底下，所以才會告急前來。目前敝國的君臣，正焦急地盼望齊軍早日到達。如果再不行進，恐怕要來不及了。」

陳成子只好披著雨篷，拄著兵戈，焦急地站在山坡上指揮齊軍過河。戰馬見了滔滔的河水都嚇得嘶叫，他便下令用鞭子狠抽，硬逼牠們過河。經過一番努力，齊軍總算安全地渡過了濮水，準備與晉軍交戰。

晉軍統帥荀瑤見到齊軍軍容嚴整，心裡不禁有點害怕，便對左右部將說：「我占卜過攻打鄭國，卻沒有占卜過和齊國作戰的勝敗。他們的軍隊排列得非常整齊，我們恐怕打不過他們。」

部將們也贊成他的看法，均主張撤兵。於是，荀瑤一邊下令撤軍，一邊派使者去齊軍營地求見陳成子。

使者鼓起如簧之舌說：「我們的統帥讓我向您解釋，這次晉國出兵，其實是爲了替您報仇。您陳大夫這一族，是從陳國分支出來的。陳國雖然是被楚國滅掉的，但卻是鄭國暗中慫恿。所以，敝君派我來調查陳國被滅的原因，同時問問您是否在仍爲陳國被滅而憂愁。」

陳成子聽了使者的話，知道這是荀瑤編造出來的離間之計，十分生氣地說：「欺壓別人的人絕沒有好下場！像荀瑤這樣的人根本沒有辦法長久！」

齊國的使者走後，有個名叫荀寅的部將急急忙忙前來，向陳成子報告說：「探子回報，晉軍打算出動一千輛戰車來襲擊我軍的營門，意圖把齊軍全部消滅，我們說不定應付不了。」

陳成子聽了嚴肅地說：「出發前國君命令我說：『要追趕零星的士卒，不要害怕大批的人馬。』晉軍即使出動超過一千輛的戰車，我不能避也不能不戰，這是我應對國君負的責任。而你方才竟然講出如此壯敵人威風、滅自己志氣的話！回國以後，我一定要把你的話向國君報告。」

荀寅自知失言，後悔地說：「今天我才知道，自己爲什麼總是得不到信任。君子想要謀劃一件事情，對事情的開始、發展、結果這三方面都要考慮到，然後才向上報告。現在我對這三方面都不知道就隨意向上傳達，怎能不碰壁呢？」

幾天後晉軍下令撤兵，鄭國的危機解除，陳成子也率軍返回齊國。

陳成子受命解除鄭國之危，爲了不負使命，即使面對軍容強盛的晉國大軍，也絲毫不退縮，更不受鼓動慫恿，一貫堅持自己的意志與想法勇往直前，所以最後能夠圓滿地達成任務。

當兩軍對峙，勢均力敵、實力相當的時候，最怕傳出對自己不利的消息，有時即使是空穴來風，也極有可能造成軍心動搖，進而影響戰局。

荀寅的奏報或許是實情，但是光長他人志氣、滅自己威風，在氣勢上已經輸人一截，猶如還未交戰就已認輸一般，是以陳成子才會如此嚴厲地訓斥他。

說話要看時機與場合，更要注意自己的立場。說出不適當的話，即使自己並無惡意，也很難不受人誤會。

活用戰術，創造自己的優勢

如果你單單依恃先天條件或是前人庇蔭，不再努力增進自己的實力，原有的優勢反而會成為前進的阻礙。

東晉王朝滅亡以後，中國南北對峙的分裂局面，持續了近一百七十年之久，歷史上稱爲「南北朝」。

西元五八一年，隋文帝楊堅取代北周稱帝，建立了隋朝。楊堅有志一統中國，在北方實行富國強兵的政策，國力大增。而當時長江南岸的陳朝皇帝陳叔寶（史稱陳後主）卻十分荒淫，終日享樂，不理朝政。他雖然知道隋文帝有意征伐，卻依恃長江天險，並不把這事放在心上。

一次，隋文帝向僕射高熲詢問滅陳朝的計策，高熲回答說：「江南的莊稼比江北成熟得早，我們在他們的收穫季節揚言出兵，他們一定會放棄農務而屯兵防守。他們做好了準備，我們卻不出兵。這樣來回幾次，他們便不會相信我們所放出的風聲。等他們不做準備，我們再突然出兵渡江，便可打得他們措手不及。」

高熲接著說：「另外，江南的糧食不像我們北方囤積在地窖中，而是囤積在茅、竹修建的倉庫之中，我們可暗地差人放火燒燬，連燒個幾年，陳朝的財力就大大削弱了，想要滅掉它也就容易得多了。」

隋文帝採取了高熲的計策，經過七年的準備，在西元五八八年冬下令伐陳。

隋文帝志在必得，派晉王楊廣爲元帥，率領五十萬大軍渡江南下，向陳朝的都城建康（今江蘇南京）發動猛烈的進攻，並很快就攻下建康，俘獲了陳後主，滅掉了陳朝，統一天下。

看人用人厚黑智謀

不懂得居安思危的人，就好像在下雨的夜晚，開著沒有雨刷的車在高速公路上行駛一樣，隨時都可能遭遇不測。

楊堅和陳叔寶是兩個截然不同，形同強烈對比的君主，一個積極運作，處心積慮地想成為一統天下的皇帝；一個只想偏安江南，當一個小國之王，就心滿意足。所以，在楊堅摩拳擦掌，加強軍備意欲南征之時，陳叔寶仍然過著安逸享樂的生活，一點也不擔憂。

長江寬廣的江面，確實是一個阻礙，但絕非無法可突破。七年的時間，讓彼此間的實力差距越拉越遠，即使是長江天險也不能當作屏障了。所以當戰事一起，隋軍勢如破竹，而南朝軍隊卻不堪一擊，只好俯首稱臣。

人要活用戰術，不斷創造自己的優勢。如果單單依恃先天條件或是前人庇蔭，不再努力增進自己的實力，你原有的優勢反而會成為前進的阻礙。對手將輕易地超越你，你過去的功績也將土崩瓦解，再也無法挽回。

堅守原則，才會心安理得

身居高位者應該保持公正的處事態度。對於經手的事務一無偏私，處理起來才會心安理得。

西漢時期有個名叫趙禹的人，原本是太尉周亞夫的屬官。一個偶然的機會，漢武帝劉徹看到了他寫的文章，認爲他的文筆犀利，而且寓意深刻，在當時很少有人的才華能及得上他。

漢武帝大爲賞識，便命趙禹擔任御史，後來又升至太中大夫，讓他與另一名太中大夫張湯一同負責制定國家法律。

他們受命針對原有的法律條文重新修訂和補充，以便運用嚴密的法律條文來約束官史辦事的原則。當時，許多官員都希望趙禹能手下留情，把法律條文修訂得有迴旋的餘地，紛紛邀請他和張湯一起作客赴宴，但趙禹從來不回請作爲答謝。幾次以後，便有不少人說他官架子大，看不起人。

趙禹和張湯經過周密的考慮和研究，很快地制定了「知罪不舉發」和「官吏犯罪上下連坐」等律法，來限制在職官員，不讓他們胡作非爲。消息一傳出，官員們紛紛請公卿們去勸說一下趙禹，請他不要把律法訂得太過苛刻了。

公卿們帶了重禮來到趙禹家，誰知趙禹見了這些公卿，只是一味天南地北地閒聊，絲毫不理會公卿們想請他修改律法的暗示。

過了一會，公卿們實在說不下去，便起身告辭。誰知臨走前，趙禹更硬是要把他們帶來的重禮退還。這時，大家才眞正覺察到趙禹是個極爲廉潔正直的人。當時有人問趙禹，難道一點也不考慮周圍的人對他的看法嗎？

他說：「我這樣斷絕好友或賓客的請託，就是爲了自己能獨立地決定、處理事情，按自己的意志辦事，不受別人的干擾。」

東方人特重情義，人情世故對我們來說一向很難避免，特別是身居要職之人，受人請託、收禮送禮等等更是時常耳聞。然而，是否要因為一點小小的好處，就偏頗了自己的處事原則，則應該多加審慎考慮。

所謂「拿人手短，吃人嘴軟」，一旦你接受了對方的賄賂，那麼你在執行事務的時候，還能夠公正地做出判斷嗎？辛苦建立的形象能不敗壞嗎？所以，趙禹寧願得罪了所有的王公大臣，也不願意違背自己的職責。

身居關鍵位置，更應該保持公正的處事態度，對於經手的事務表現得一無偏私，處理起來才會心安理得，這是獲得更高成就的法則。

想哄抬自己的價值，就要大張旗鼓

《呂氏春秋》豈真一字不能改？呂不韋的目的不外乎藉此哄抬自己的地位與價值，影響視聽，作為爭權奪利的政治籌碼。

秦始皇嬴政年幼繼位，任用原爲大商人出身的相國呂不韋輔政。

當時，其餘六國的宗室貴族，爲了籠絡人心、增強實力，均各自廣招天下人才，其中最著名的有魏國的信陵君、楚國的春申君、趙國的平原君、齊國的孟嘗君，號稱「養士四公子」，家裡都養著上千名有學問的門客，名聲很大。

呂不韋認爲，像秦國這樣的強國，應該招納更多的學者名士，給他們更高的待遇才是。於是他廣納賢士，門下擁有賓客三千，家僮萬人。

這些文人在他組織之下，共同編寫了一部二十六卷，多達二十多萬字的巨著，內容包羅萬象，通貫古今，題名爲《呂氏春秋》。此書集周秦諸子思想之大成，匯合了先秦各派學說精髓，後來被稱爲「雜家」，意指集結各家之長，從中反映了許多當時先進的政治思想。

呂不韋下令把全書掛在京城咸陽的市門上，一旁放著千金重賞，公開宣佈說：「若有誰能指出書中不足，增加或刪去一字者，賞給千金。」

呂不韋這樣大張旗鼓地宣傳，其實也是爲了擴大自己的影響力，藉以張揚權勢。那時人們懾於呂不韋的位高威重，誰也不願出面指摘《呂氏春秋》的缺失，所以著作公佈了一個多月，雖然前來觀看的人成千上萬，卻始終沒有一個人敢出來改動一字、領取千金之賞。

於是，呂不韋下令集中人力抄錄全文傳送各地，他的名聲也因此遠揚天下。

及至秦始皇成年親自掌握政權後，對呂不韋產生疑忌，終於免去他的相國職務，逼他服毒自殺。呂不韋雖未能善終，但事蹟傳世，《史記．呂不韋列傳》記有咸陽市門千金懸賞的故事，成語「一字千金」從此流傳至今。

思想和戰略固然很重要，但是要用哪些方式來哄抬自己的價值，其實才是最大的挑戰。如果你不懂得戰術運用，那麼不管你自以爲多麼有身價，在別人的心中或許根本就一文不值。

或許呂不韋求取名聲的動機可議，但畢竟達成了目的，流傳下來的這一部《呂氏春秋》，確實爲當時的各家思想，做了詳實的分類與記錄，是一部極具重要價值的學術著作。

呂不韋門下的食客衆多，集合衆人之力，不斷地修正校改《呂氏春秋》，堪稱當時一大手筆，所以他敢誇耀一字千金，爲秦朝一統天下、治理國家提供了穩固的理論基礎和政治綱要。但是，文字豈眞一字不能改？呂不韋的目的不外乎藉此哄抬自己的地位與價值，影響視聽，作爲爭權奪利的政治籌碼。儘管他的政治思想與秦王政不合，終究免不了遭禍，但仍有一部《呂氏春秋》傳世，算是千金亦值了。

犯錯之後，不要一錯再錯

人難免犯錯，重要的是借錯誤為殷鑑，不重蹈覆轍，要牢記過往之失，別再誤入歧途。

宋太祖趙匡胤共有兄弟五人，登上皇帝寶座以後的第二年，他的母親杜太后得了重病，臨終前把宋太祖和心腹大臣趙普叫到身邊，囑咐宋太祖將來要先把皇位傳給老三趙光義，等老三死後傳給老四趙光美，再由趙光美傳位給宋太祖的兒子，如此完成「兄終弟及」的宗法制度。

趙普奉旨做了記錄，再交由宋太祖珍藏起來。

西元九七六年，宋太祖得了重病。病危時，他果然遵照母親的遺囑，將皇位傳給了弟弟趙光義，趙光義即位，是爲宋太宗。

當宋太祖在位時，老四趙光美就已被封爲魏王，等宋太宗即位之後，又讓他出任開封府尹。趙光美從小就愛出風頭，剛愎自用，隨著年齡的增長，官權提升，變得更加驕橫跋扈，肆無忌憚，誰也奈何不了他。

魏王趙光美也知道母親遺囑的內容，明白自己也有機會成爲皇帝，現在見三哥趙光義已經做了皇帝，便一心想三哥早點死掉，好把皇位傳給他。後來，他發覺宋太宗身體很硬朗，短期內自己根本沒有繼位的可能，便企圖用陰謀手段來奪取皇位。

一天，宋太宗趙光義把宰相趙普找來商量，徵詢他對王位繼承這件事的看法，究竟自己應該把皇位傳給兒子，還是遵從他母親的意願，把皇位傳給弟弟魏王。

趙普說：「陛下，太祖皇帝沒有把皇位傳給他兒子，而把皇位傳給了您，這樣做已經違背禮法了；如果您再把皇位傳給魏王，而不傳給自己的兒子，那不是一誤再誤，一錯再錯嗎？」

宋太宗聽了，覺得有理，這才打消了把皇位傳給魏王的念頭。不久，有人告發魏王趙光美陰謀造反，趙普又對太宗說：「魏王心懷不軌，或許把他流放到邊遠地方去，可防止他發動叛亂。」

宋太宗聽從了趙普的意見，削去了趙光美魏王的封號，把他貶到邊遠的房州，不久，趙光美便鬱鬱死去。

看人用人厚黑智謀

宋太祖依杜太后遺命傳位給自己的弟弟，在當時來說已與禮法不合，而宋太宗更發現自己的胞弟趙光美並不適任，於是對傳位一事便起了猶疑，但他又不想違背母親的遺願，背上不忠不孝的罪名，所以陷入了兩難之中。

然而，趙普卻以爲，如果拘泥成規將王位傳給趙光美，恐非百姓之福，更可能引起宗室上的種種爭鬥，使得朝政更加紊亂。趙普爲免太宗「一誤再誤」，幾番力勸，才令宋太宗打消了傳位魏王的想法。

以史爲鏡，我們看見宋太祖在傳位之時，已經犯了一大失誤，若太宗再傳位予魏王，便是「一誤再誤」了。人難免犯錯，重要的是借錯誤爲殷鑑，不重蹈覆轍，要牢記過往之失，別再誤入歧途。

依樣畫葫蘆，就無法突破

在一成不變的規則之中，跳脫既定的想法，說不定能發現更好更有效的做法，這才是一種有力的突破！

西元九六〇年，趙匡胤奪取後周政權，建立了北宋王朝。趙匡胤對前朝官吏陶谷這個人的為官為人有所瞭解，但對他並不看重，只是認為他文筆很好，還是留他在翰林院裡供職，不過權勢顯然沒有以前大了。

可惜陶谷缺乏自知之明，認為當朝的宰相和大臣們，無論在資歷、文才和名望方面都不如自己，因此對自己的名位始終屈居於他們之下而感到不平。於是，他託幾位熟識的大臣在皇帝面前推薦自己，希望能得到重用。這些大臣對太祖說：「陶谷在翰林院裡頗有作為，並且能窺測皇上的意思辦事，似應予以重用。」

太祖聽了笑笑說：「我聽說翰林院起草詔令，都是參照前人的舊本寫的，只是改換一些詞語，就像俗語說的『照著葫蘆的樣子畫葫蘆』，哪裡談得上頗有作爲？」

陶谷知道了太祖看法後，很不服氣。他滿腹牢騷，特地作了一首詩：

「官職須由生處有，文章不管用時無。堪笑翰林陶學士，年年依樣畫葫蘆。」

宋太祖看到討以後，心中更爲不滿，也更加不肯重用他了。

看人用人厚黑智謀

只是依著原樣模仿，缺乏新的創見與想法，很難讓人看出一個人眞正的能力爲何，更沒有辦法予以肯定。陶谷雖然自恃有才名，卻沒有妥善運用機會表現出來，所以宋太祖看不到他的才能，只看到他的驕矜自誇，當然不可能重用他。

或許有些事情已步上軌道，蕭規曹隨也無不可，但是既然身在其位，不妨多用點心思，在一成不變的規則之中，跳脫既定的想法，說不定能發現更好更有效的做法，這才是一種有力的突破！

過度懷疑，只會傷害人際關係

懷疑是傷害人際關係最大的利器。凡事疑神疑鬼、胡思亂想，往往會扭曲了事實真相。

從前有個鄉下人，弄丟了一把斧頭，他以爲是鄰居家的兒子偷去了，於是，開始處處注意鄰居兒子的一言一行，一舉一動。

他覺得那人走路的樣子鬼鬼崇崇，像是偷斧頭的；看那人的臉色、表情，也像是偷斧頭的賊；聽他的言談話語，更像是偷斧頭的人。

但是後來，這個丟斧頭的人，竟然找回了自己的斧頭，原來是前幾天他上山砍柴時，一時疏忽，失落在山谷裡。

他找到斧頭以後，又碰見了那個鄰居的兒子。這時再留心看看他，卻覺得他那走路的樣子，一點也不像是偷斧頭的；看那人的臉色、表情，也不像是偷斧頭的；聽他的言談話語，更不像是偷斧頭的人了。

看人用人厚黑智謀

懷疑是傷害人際關係最大的利器。

凡事疑神疑鬼、胡思亂想，往往會扭曲了事實眞相。鄉下人雖然沒有直接證據，但他心裡早已認定鄰人之子爲偷斧賊，於是在他的眼裡，所有的現象都被他自動解讀爲鄰人之子偷斧的罪證，猜疑完完全全地蒙蔽了他的理智。

後來，他重新拾回了斧頭，一切迷障豁然開朗，他不再認爲鄰人之子有竊斧嫌疑了。然而，假若他並沒有拾回斧頭，或是不分青紅皀白就去質問鄰人之子，那麼不就無故生起一場糾紛了嗎？

因此，遇事冷靜，不要疑心生暗鬼，才不致徒生事端，鑄下大錯。

為虎作倀者必自食惡果

狐假虎威的陰險小人，往往有著陰險和畸形的智慧，一有機會就想盡辦法要掌權弄勢，陷害對自己不利的人。

唐朝末年，朱溫殺了宰相崔胤和他的親信，只用裴樞、柳璨等人當宰相。接著又叫裴樞強迫昭宗、百官和長安百姓遷往洛陽。

昭宗到洛陽後，左右侍從人員都遭殺害。但是，朱溫還不放心，時常派他的謀士李振到洛陽去窺察昭宗和大臣的動靜。

李振仗著朱溫的權勢，趾高氣揚，目空一切。他旁若無人，平時都用盛氣凌人的態度動動下巴來指使別人，每次到洛陽，總要把自己看不順眼的人罷黜掉幾個，爲此，人們在背後稱他是「鴟梟」。

不久，朱溫派人殺死了昭宗，另立李柷爲帝，史稱唐昭宣帝。

當時，宰相柳璨列出一張名單，指控名單上所列之人成朋結黨、好論是非，不可多留。李振本來就很痛恨這些進士及第的朝官，因此他也鼓勵朱溫，說唐朝之所以破敗，都是這些人違法亂紀的緣故，不如一起殺掉才好，更進讒言：「這些人平常自命清流，最好投入混濁的河水中，讓他們獨流個夠。」

結果，三十多名出身高門和科第的大朝官，都因此而被朱溫被扣上浮薄的罪名，全部被投入黃河而死。

西元九〇七年，唐昭宣帝把帝位讓給朱溫。朱溫將國號改爲大梁，史稱後梁，朱溫則爲梁太祖，李振則因功當上了戶部尚書，如此一來更加趾高氣揚了。

然而，李振如此爲虎作倀，替朱溫剷除異己，濫殺無辜的結果，只是讓人民更加畏懼後梁政權，視其爲奸佞叛賊，於是短短數年之後，便被李存勗的後唐軍隊攻滅，而李振也被處死。

唐朝末年，藩鎮割據，朝廷無法可管，只得任其魚肉。而勢力強大如朱溫等，更是挾天子以令諸侯，囂張狂妄不在話下，手下更狗仗人勢，竊權弄勢之人竟如此驕傲自大，不僅令人髮指，也令人不齒。

身爲臣子，應該將國家人民的福祉放在第一位，給予君王或統治者最正確的建議，將國家引向康莊大道，才能使得百姓安定，國家長久。若只是貪得眼前利祿，那麼來得快也將去得快，不只徒勞無功，最終將自食惡果。

在日常生活和工作場合中，我們經常可以見到像李振這樣狐假虎威的陰險小人。這種人往往有著陰險和畸形的智慧，一有機會就想盡辦法要掌權弄勢，陷害對自己不利的人。

或許，他們目前只是在若干小事情上耍弄心機，但是，隨著慾望和權力的增長，必定會玩弄更大權謀，不可不小心提防。

PART 9

只看表象，就看不清真象

表面上儀表堂堂，
其實可能只是個華而不實的草包；
光是言論好聽、滔滔不絕，
可能不過是巧言令色之徒罷了。

因勢利導，才能把大事化小

處事就像治理水患，不只要追本究源，查明問題所在，更要因勢利導，才能大事化小，小事化無。

戰國時代，洪水經常釀成災害。當時，有一個名叫白圭的人，自稱是水利專家，專治洪水。一傳十，十傳百，許多飽受水患的地方都想請他來治理洪水。

有一年，魏國也發了大水，魏惠王立即請白圭前去治水。白圭來到了洪水災區，經過東堵漏、西築隄一番之後，洪水果然退了。

魏惠王見了便大力稱讚他，並賞賜給他許多財物。

白圭高興地回家，半路上正好碰到孟子，於是他得意洋洋地對孟子說：「你看我治水的本領，比大禹還強吧？」

孟子聽了他如此傲氣十足的話，立即反駁：「你講這樣的話，不覺得羞愧嗎？當年夏禹治理洪水，是順著水流的方向將它一一引入大海，不只是治好一地水患，而是控制住洪水，不讓它再危害天下。而你卻只不過是修隄築漏，把水引向鄰國，把鄰國當做蓄水溝，別的地區因此氾濫成災，你這樣做還有一點仁愛之心嗎？」

白圭聽了這一番話，頓時漲紅了臉說：「你不要瞎說，那是不可能的！」

白圭話還未說完，只見遠遠來了一個策馬疾行的人高聲叫著：「白圭，你別走！你把魏國的洪水都引到我們國家來了，我們大王要你立即前往想辦法治水，不然就要你好看！」

白圭一聽，嚇得癱軟在地上。

看人用人厚黑智謀

治水不只要看全面，河水從起源開始到入海之地，都要列入考量。白圭卻只求魏境之內河水不再氾濫，一味地堆高防堵，只是讓水流滿溢至其他的地方而已，河道本身的問題仍舊一點也沒解決。

堆高的隄防或許一時未遭水患侵襲，但是鄰國原本的河堤，卻因突然增高的水位而潰隄，使得百姓飽受大水之災，所以孟子才會大聲地斥責白圭作事方法欠周全。

大禹治水，是將河道徹底疏通引流，使得黃河的水位下降，再順勢集結入海，如此才能眞正解決水患。處事亦當如此，不只要追本究源，查明問題所在，更要因勢利導，才能大事化小，小事化無，永絕後患。

法國文豪雨果在他的著作《鐵面人》中，曾經這麼譏諷地寫道：「天底下最可憐的笨蛋，是那些從來不懷疑別人可能言行不一，而對別人所說的話一味地信以為真的人。」

確實如此，現實生活中，像白圭這樣專門欺世盜名卻沾沾自喜的「治水專家」並不在少數，如果不懂得透過觀察看穿他們虛僞的一面，就經常會迷惑於他們的聲名而吃虧上當。

要洞察一個人的眞實面貌，重點並不在於聽他的嘴巴說了什麼，而是用眼睛看他究竟是怎麼辦事的。

不輕信，就不會被謊言蒙騙

危言聳聽之人，多半居心可議，如果只因為道聽塗說，就畫地自限，不敢前進，豈不是什麼事都做不了？

有一年，墨子隻身前往北方的齊國。途中遇見一個名叫「曰」的卜算人，他對墨子說：「墨先生，您不能往北走啊，今天天帝正在北邊殺黑龍，你的皮膚很黑，去北方是不吉利的呀！」

墨子一聽，嗤之以鼻說：「我根本不相信你的話！」

說完，他繼續朝北走去，但不久，卻因爲北邊的淄水氾濫，無法渡河而折返回來了。曰得意地對墨子說：「怎麼樣？我說你不能往北走嘛！遇到麻煩了吧！」

墨子只是微微一笑，說道：「北方淄水氾濫，南北兩側的行人全都受到阻隔。

行人中有皮膚黑的，也有皮膚白的，怎麼大家都過不去呀？」

日聽後支吾著，說不出話來。

墨子又說：「假如天帝在東方殺了青龍，在南方殺了赤龍，在西方殺了白龍，再在中央殺了黃龍，豈不是讓天下人都動彈不得了嗎？所以，你的謊言在我看來，好似拿雞蛋去碰石頭，就算把全天下的雞蛋全砸光了，石頭還是毀壞不了。」

日聽了只好低頭羞愧地走了。

看人用人厚黑智謀

墨子理智，凡事講求憑證，絕不迷信，所以對於「日」的警告一點也不放在心上，認爲那是無稽之談，一點也不可信。

「耳聽是虛，眼見爲實」，這句話強調眞理是不容辯駁的，如果只因爲道聽塗說，就畫地自限，不敢前進，豈不是什麼事都做不了？

有理走遍天下，無理寸步難行；危言聳聽之人，多半居心可議，最好不要輕信，親自去見證眞相才是正確的方法。

莎士比亞曾經在《哈姆雷特》裡寫道：「人們往往用至誠的外表和虔誠的行動，掩飾一顆魔鬼般的內心。」

現實生活中，圍繞在我們身邊，那些包藏禍心的小人，通常都有這樣的特徵，有的人外表看起來就像故事中的「日」一樣相當古道熱腸，但是，卻經常在背地裡玩弄挑撥離間的陰險伎倆，或是說些怪力亂神的話語，試圖迷惑別人的心智，而從中獲得某些利益。

因此，千萬不要被別人刻意僞裝的表象所蒙蔽，也不要輕信別人所說的流言蜚語，應該審愼觀察他們是否表裡如一。

只看表象，就看不清真象

表面上儀表堂堂，其實可能只是個華而不實的草包；光是言論好聽、滔滔不絕，可能不過是巧言令色之徒罷了。

春秋時，大教育家孔子門下有很多學生，其中有兩個人形成對比，一位名叫子羽，一個叫宰予，子羽外貌長得很醜，宰予則英俊一表人才。

孔子第一次見到子羽時對他的印象就很不好，以爲這個人外表看來沒什麼長處，一定沒有才氣。因此，孔子對子羽的態度十分冷淡，使得後來子羽只好退學，以自修的方式鑽研學問。

而宰予因爲長得儀表堂堂，風度非凡，加上他口才好又能說會道，因此孔子很喜歡他，認爲這個學生將來一定很有出息。

可是，事情的發展卻出乎孔子的意料，子羽是一個熱愛學習和喜歡獨立思考的人，離開孔子後更發奮努力學習、鑽研，成了一個很著名的學者。很多青年因此而慕名到他門下求學，名聲也在諸侯之間傳開了。

相反的，宰予卻非常懶惰。儘管孔子曾再三地勸導他，但他都不聽，有時甚至天已大亮了，他還躺在床上睡懶覺，氣得孔子把他比作沒有用的朽木。

後來，宰予憑藉著他的口才，受命爲齊國大夫，可是沒多久，就因爲參與一場政變，而被齊王處死。

孔子聽到宰予的死訊，很感慨地說：「從子羽身上使我明白，不能以外貌來衡量一個人；而宰予的事也告訴我，不能只憑一個人所說的話來衡量他。」

看人用人厚黑智謀

連強調有教無類的孔子都不免犯了以貌取人的錯誤，證明外貌確實影響著我們對人的第一印象。

可是，外貌眞的代表了一切嗎？這可就不一定了。或許相由心生，但只憑外貌去評斷一個人的價值，是極爲危險的。有些人表面上儀表堂堂，其實可能只是個華而不實的草包；光是言論好聽、滔滔不絕，可能不過是巧言令色之徒罷了。

所謂「形象雖惡，而心術善，無害爲君子也」，正是說明一個人即使外貌醜惡，只要心地善良，仍是道德高尚之人。人的內在特質與外貌無絕對相關，只要行事得宜，品德端莊，做事有擔當，不就是値得交往的君子了嗎？

當然，我們也不能過度強調人性的光明面，而對別人不加以防範。因爲，人性並不完美，因此如果你的眼中看見的都是正人君子，那麼，就註定你要因爲自己不長眼睛而遭殃。

這個世界是善良的人和卑鄙的人共存的，以任何先入爲主的觀念去看待一個人，只會使自己蒙受損害。

手段太強硬，只會造成不良反應

權力就像是一把剃刀，最鋒利的剃刀會幫領導者把臉刮得最乾淨，不過，領導者必須靈活地運用，否則就會被它刮傷。

西元前二一三年，統一天下的秦始皇在咸陽宮擺設酒宴，慶賀自己的壽辰，有七十位博士前來拜壽。

酒宴開始以後，博士淳于越向秦始皇建議，應該恢復古代的分封制度，分封子弟爲王。秦始皇心中雖不作如此想，卻沒有明說，只是不動聲色，不予回應。

此時丞相李斯站起來大力駁斥說：「五帝的制度並不是一代重複一代；夏、商、周的制度也不是一代因襲一代，都是憑著各自的制度來治理。這並非他們故意彼此區別，而是由於時代變了，情況不同了。如今天下已定，法令出自陛下一人，百姓應當致力於農工生產，讀書人應當學習法令。」

李斯話鋒一轉，繼續說道：「但現在讀書人不學今，反而效古，用古法來誹謗當朝，這就是擾亂民心。爲此，我請求陛下讓官吏把不是秦國所作的書籍全部焚毀，除博士官署內的書冊之外，天下間諸子百家的著作，全部送到地方官那裡一起集中燒掉。若有敢聚在一塊談論的儒生，一律處以死刑示衆，而用古代的人或事來否定攻擊現今朝政者，則滿門抄斬。官吏如果知道卻不舉報的，以同罪論處。下令後三十天仍不燒書的，要判重刑。唯一不取締的是醫藥、占卜、種植之類的書。如果有人想要學習法令，則拜官吏爲師。」

秦始皇贊成李斯的建議，下詔批准，此事便爲「焚書坑儒」的開端，當時一共坑殺了四百多名方士與儒生，堪稱中國文化史上一大浩劫。

看人用人厚黑智謀

李斯對於秦始皇一統天下，有不可抹滅的功勞，但是爲了要控制人民的思想，採取強制壓抑的方式，手段未免過於殘暴。

所謂「物極必反」，過分的壓制，猶如用力施壓皮球，最後必遭反彈。因而，即便李斯的治國理想在當時來說是相當先進的想法，但也因爲他的手段過於強硬，一直難以爲人民所接受。

當秦朝覆亡，所有設立的新制度，不論好壞都一一遭到廢除，而秦始皇焚書坑儒之舉，更使得春秋戰國時期百家爭鳴的諸多文獻資料毀於一旦，不只是文化研究上的損失，更是人類文明遺產的災難。

美國總統艾森豪曾說過一句名言：「你不能經由敲部屬的腦袋來領導他們，那只能稱作襲擊，而不算是領導。」

手段太過強硬，當然會造成不良反應，這是必然的道理。

權力就像是一把剃刀，最鋒利的剃刀會幫領導者把臉刮得最乾淨，不過，領導者必須做到靈活地運用這把剃刀，否則就會被它刮傷。

猶疑，只會延誤時機

眼界過於狹小的人，很難能接受新觀念；對於自己不熟悉或不瞭解的事物，很容易就視之為異端邪說，直接予以排斥。

戰國時期齊國的名醫扁鵲，原名秦越人，因爲他救活了許多病重而瀕臨死亡的人，所以當時人們常以傳說中黃帝時代的「神醫扁鵲」的稱號稱呼他，反而不提他眞實的姓名了。

傳說扁鵲年輕時，得到一位名叫長桑君的奇人傳授醫術。長桑君讓他服下一種藥，服用之後就能看見牆壁另一側的人，因此扁鵲診視病人時，能見到五臟內疾病的癥結。從此他爲人治病，成爲聞名遐邇的神醫。

有一年，扁鵲帶領弟子外出巡醫，路過虢國都城的王宮，見宮內外的人忙著祈禱求神問鬼，為太子消災，一會兒，又亂紛紛地準備棺木。扁鵲見到這種情況，便走近宮門，問負責主管謁見的中庶子說：「請問太子患了什麼病？」

中庶子回答說：「太子的病是血氣運行沒有規律，陰陽交錯而不能疏泄，所以突然倒地而死。」

扁鵲趕緊問：「他什麼時候死的？」

「大約雞鳴的時候。」

扁鵲聽中庶子說太子死亡還不到半天，也沒有收殮，就說：「請稟告君王，說我是齊國的醫生秦越人，能使太子復活。」

中庶子瞧了瞧扁鵲，說道：「先生該不是胡說吧！人死了還能復活？我聽說上古有個姓俞的醫生，治病不用湯劑、藥酒及其他東西。一解開衣服診視，就能知道疾病所在，然後割開皮膚，疏通經脈，若除非先生的醫術也能如此，否則太子如何能再生？想必你是來招搖撞騙！」

扁鵲再三請求中庶子稟報國君，但中庶子始終不敢答應。

過了很久，他仰望天空歎息說：「您說的那些治療方法，就像從管子裡去看天，從縫隙中看花紋一樣。我所用的治療方法，不需要爲病人切脈、察看臉色、聽辨聲音，只要觀察病人的體態神情，就能說出病因在什麼地方。您若是不相信我說的話，可以回去看看太子，會聽到他的耳朵裡有鳴響聲，鼻翼微微扇動，順著兩腿摸上去，那裡應該還是溫熱的。」

中庶子聽了這些話，驚奇得說不出話來，趕緊進宮報告國君。國君聽了也十分驚訝，親自在宮廷的中門接見扁鵲，並請他進入宮室，爲太子治療。

扁鵲檢查了太子身體，選好穴位，幾針扎刺下去，太子便忽然甦醒了過來。扁鵲又爲他配了幾劑湯藥，僅吃了二十天，身體就恢復得和從前一樣。

扁鵲救活太子的事蹟傳開後，天下人都以爲他能使死人復活。但是，扁鵲聽了這話卻說：「不是我能使死人復活啊，這是太子本來就沒有死，我所能做的只是使他恢復健康罷了。」

《誰搬走我的乳酪》的作者，國際暢銷作家史賓塞・強森曾在書中寫道：「如果擔心與害怕的情緒一直籠罩著你的舊腦袋，那麼你就會總是把事情往壞處猜，而不往好處想。」

擔心與害怕的情緒往往使人遇事猶豫，而猶豫只會延誤時機。眼界過於狹小的人，很難能接受新觀念；對於自己不熟悉或不瞭解的事物，很容易就視之為異端邪說，直接予以排斥。

平凡的郎中，只知頭痛醫頭，腳痛醫腳，一旦遇上了未曾見過的病症，就束手無策。真正通聞醫理的大夫如扁鵲，卻是懂得由各方面去觀察，從各種病症去瞭解、判斷病因，再對症下藥，並非有神通足以起死回生，而是在病情尚未真正惡化之前，找出病因施以藥石針灸，加以湯藥調理。

扁鵲的醫學知識超過當時許多，能看出別人看不出的病況，旁人雖半信半疑，但最後仍放手交給扁鵲治療，太子才能撿回一條小命，否則一旦錯過時機，即使扁鵲的醫術再高明，想必也回天乏術了。

屢勸不聽，就不需白費口舌

忠言逆耳，聽得進去的，寥寥數語不須多言，就能切中時弊；聽不進去的，說了再多也毫無益處，只是浪費時間罷了。

西元前五四一年，楚國的令尹公子圍殺害了楚王，自己當上國君，史稱楚靈王。公子圍原本就是個善於玩弄權術的人，篡奪王位之後，更加為所欲為，任意迫害違背他心意的人。

楚靈王剛篡位不久，便出兵攻打齊國，下令將齊國的一個大夫全族處死，接著又突然襲擊弱小的賴國，種種行徑引起了各諸侯國的強烈不滿。而且，為了供自己享樂之用，楚靈王不惜耗費大量錢財，徵用無數民工，建造了一座豪華無比的章華宮，為百姓帶來無窮無盡的災難與困擾。

楚國的宗室大臣白公子張對此感到非常憂慮。爲了楚國的前途著想，他明知楚靈王不愛聽逆耳之言，也要利用每一個機會向楚靈王進諫，勸他節制淫樂，愛惜民力、以德待人。剛開始，靈王雖然滿心不悅，還能讓子張把進諫的話講完，但次數多了，越來越感到討厭，也越來越不耐煩。

一天他問一位大臣：「子張最近老是在我面前嘮叨，要我注意這、當心那，你看可用什麼辦法，叫他不要再這麼囉囉唆唆的？」

大臣回答楚靈王：「以後若您嫌子張再嘮叨，不妨可以對他說，我常常和鬼神打交道，已經聽到各種各樣的勸諫，不想再聽其他話了。」

之後子張又向楚靈王進諫時，楚靈王就用同樣的話回答。沒想到子張聽了，憤慨地說：「殷朝的武丁稱得上是位賢明的君主，他都還到處求賢問明。大王的德行還比不上武丁，卻已如此厭惡別人的規勸。坦白說，要做大王的臣子太難了！」

靈王聽了子張的話，一時不便指責，強忍心中的不快，勉強說：「好，那你就繼續進諫吧！我雖然不見得能採納你的規勸，但還是願意先把它放進耳朵裡！」

子張無可奈何，只得苦笑一聲，說道：「臣是爲了希望大王能採納，才不斷進諫，不然的話，巴浦所產的犀角和象牙等多得很，大王盡可以拿來做耳塞，又何必把規勸的話也拿來當做耳塞之用呢？」

看人用人厚黑智謀

很多表面上奉承我們，顯得像親密朋友的人，其實並不是朋友，而很多眞正的朋友卻因爲時常潑我們冷水，讓我們感覺他們是討人厭的烏鴉。

楚靈王不聽勸誡，把子張當成烏鴉，楚國在如此昏昧的君王帶領之下，國勢自然漸趨衰弱，難以與日漸強大的秦國匹敵。

忠言逆耳，聽得進去的，寥寥數語不須多言，就能切中時弊；聽不進去的，說了再多也毫無益處，只是浪費時間罷了。所以，子張才如此諷刺楚靈王，如果眞要找東西塞住耳朵，那麼不如直接用耳塞來得實際多了。

子張秉持臣子應有的責任，希望楚靈王能夠成爲一名爲民著想、使國家富強的國君，但卻遭到如此對待，無怪乎英雄氣短，有志難伸了。

有能力，也要勇於表現自己

有能力，也要勇於表現自己，當機緣來到，更須像故事中的袁宏一樣毫不要猶豫，緊緊地抓住機會。

有天晚上，東晉豫州刺史謝尙穿著便服，和幾個賓客一起到江上泛舟散心。船隻行駛到一處，忽然聽聞江面上傳來一陣悠揚悅耳的吟詩聲，只聽那詩文辭句優美，音調鏗鏘，謝尙一時興起，便叫人將吟詩之人請來。

過了一會兒，一名年輕人被帶到船上。詢問之後得知他叫袁宏，是停泊在附近一艘貨船上的傭工。他雖然衣著寒酸，但神態氣色俊逸，一番細問下來，知道他剛才所吟誦的詩句是他自己作的，謝尙不禁稱讚了他幾句。

不久，袁宏因爲謝尙的賞識，而被召到州府擔任參軍。後來，當時極有權勢的大司馬桓溫聽說他文才極好，便要他留在府中負責文書起草的工作。袁宏表現得相當稱職，名聲也與日俱增。

桓溫是個極有野心的人，隨著他的權勢越來越大，野心也日漸暴露出來。袁宏對他的作爲感到不滿，從而兩人發生了矛盾與嫌隙。

一次，袁宏寫了一篇《東征賦》，賦中讚揚了東晉許多名士，卻隻字不提桓溫的父親桓彝。桓彝是東晉的忠臣，袁宏因爲對桓溫不滿，故意在賦中不寫，有人勸他寫進去以免無端惹禍，但他不答應。

桓溫知道這件事後很生氣，很希望袁宏把父親的事蹟寫進賦裡去，爲自己的家族揚名。有一次他找到一個機會，乾脆直接地向袁宏提起了這件事：「聽說先生寫了一篇《東征賦》，其中稱讚了許多先賢，但爲什麼不提到家父呢？」

袁宏靈機一動，回答說：「尊公爲國捐軀，英名遠揚，怎麼能不寫進去呢？我早已有所考慮，只是沒有請教過您，不敢貿然寫進去。」

桓溫聽了非常高興，又半信半疑地問：「原來如此，那先生準備怎樣寫呢？」

袁宏當場對桓彝的一生做了恰如其分的評價，桓溫聽了，感動得掉下了眼淚。

可是事情過後，彼此之間再度產生了心結，袁宏多次與桓溫爭辯，桓溫很討厭他，所以不肯重用他。

在一次北征途中，袁宏又觸怒了桓溫，結果被免去官職，但仍得隨從出征。

桓溫這次北征是去討伐前燕的。隊伍抵達前線後，爲了鼓舞士氣，要發佈一篇文告。桓溫考慮到進攻在即，文告必須馬上公佈出來，而營中似乎無人能勝任，便差人把袁宏叫來。

袁宏來到後，桓溫指名要他寫文告，簡單說明了文告要點，就要他當場寫出來。只見袁宏眉頭也不皺一下，只要來紙筆，就倚靠在馬身上，手不停筆地寫起來，沒多久時間就將一篇長達七頁的文告完成了。

桓溫取來一看，果然寫得慷慨激昂，相當得體，左右看了也都一致稱讚。袁宏的能力再度被肯定，被免去的官職也因此得以恢復。

前新加坡總理李光耀曾經說過一番膾炙人口的話，相當受用於想要獲得成功的人：「如果我們不敢挺身追求並捍衛我們的利益，我們就會是失敗的。」沒有強烈的進取心，完全被周遭的人事物驅動的人生，毫無疑問的，將會是庸庸碌碌的人生。

有能力，也要勇於表現自己，當機緣來到，更須像故事中的袁宏一樣毫不要猶豫，緊緊地抓住機會。

袁宏的才思敏捷，反應機靈，雖然剛直好辯，屢屢得罪桓溫，卻也能運用機智自保。即使突然受試，要在極短時間內寫出重要文告，也能輕輕鬆鬆倚馬一揮而就，下筆千言。想要做到這一點，除了天生的文釆之外，依靠的是眞才實學，以及平時作足了準備功夫。

積極朝自己的夢想努力

立定志向之後，勇往直前，不畏種種艱難與險阻，堅持自己的理想與原則，才是為學處事應有的態度。

西漢時，高陽地方有一位廉潔奉公的官員，名叫王尊。王尊從小便因父親去世，而由他的伯父撫養長大。由於伯父家裡貧窮，王尊每天要趕羊群到野外去放牧以補貼家用，維持生計。

王尊最愛讀書，放牧時總要帶著書閱讀，漸漸地學識增廣。他對書上提到的那些秉公執法的官吏最爲崇敬，希望自己將來也成爲這樣的人物。

一天他央求伯父，爲他在郡裡的監獄謀一份差使，這時王尊才十三歲。

伯父聽後十分驚訝，質疑說：「你還只是個小孩啊，況且又不懂刑律，怎麼能到監獄去做事呢？」

王尊回答：「我從書中學到很多，以後再跟獄長多學習見識不就行了？」伯父禁不住王尊一再央求，便備了禮託人前去找獄長說情，於是，獄長便把王尊留在身邊，聽差使喚。

王尊一共聽了幾年差，經常可以接觸到刑獄方面的事務，所以長進很快。一次他隨獄長去太守府辦事，因爲表現良好被太守看中，便把他留在府中處理文書事務。又過了幾年，王尊辭去職務，改攻讀儒家經典，之後再被任用。由於他執法嚴正，處事公允，官階遂逐步提升，當上了縣令不久，便升爲安定郡太守。

當時，安定郡官場糾紛不斷，一些官員利用權勢作威作福，魚肉百姓。王尊一到那裡，立即下令整頓吏治，並貼出告示要縣內所有官吏忠於職守。他以身作則，爲下屬做出榜樣，強調法律無情，最好不要以身試法。

郡裡有個屬官一向心狠手辣，大量搜刮民脂民膏，引起極大民憤，經告示貼出後仍不見悔改，於是王尊便將他捉拿歸案。接著，王尊又立刻懲辦了一批罪行嚴重且無悔改之意的土豪劣紳，經過一番整治，安定郡漸漸太平。

王尊由於嚴格執法，不怕權勢，曾多次招來禍殃，也多次遭到降職貶官，但他始終如一地忠於職守。

看人用人厚黑智謀

法國作家羅曼羅蘭曾經告訴我們：「人與人之間之所以產生那麼大的差別，就在於他們有一些是積極的，有一些是消極的。」

王尊立定了自己的目標，便積極地朝自己的夢想努力，不只用功讀書充實自己的知識，更積極去汲取實務經驗。

他不怕吃苦地在獄牢裡當差，站在第一線去體會眞實案件的處理過程，將之與自己所學融會貫通。他不拘泥於書中文字，更能夠就實際的例證去體會書中的道理，因而能舉一反三，終於達成了自己的志願，成爲一個秉公執法的明吏。

我們也應如王尊一般，在立定志向之後，勇往直前，不畏種種艱難與險阻，堅持自己的理想與原則，才是爲學處事應有的態度。

名聲得來不易，莫要輕易掃地

如果只因為一點私利，而接受了賄賂，那麼無疑是砸了自己的招牌，讓長久以來的公正形象毀於一旦。

西元前五一四年，晉國的執政大臣韓宣子去逝，由魏舒繼任爲執政大臣。魏舒將兩個舊貴族的田地均分爲十個縣，分別派賢能有功的人去擔任縣官，其中與他同姓同宗的魏戊，被派任到梗陽縣爲官。

當時，梗陽有一樁官司讓魏戊覺得很難斷定，便上報給魏舒處理。

這時候，訴訟的一方暗中把一名女樂人送給魏舒，而魏舒也打算收下來。魏戊知道這件事後，就對大臣閻沒和女寬說：「魏舒一向以不受賄賂而揚名各國，如果這次收下了女樂人，實在沒有比這更大的賄賂了。請二位一定要幫我勸諫他。」

閻沒和女寬聽了也有同感，便答應了魏戊。

退朝後，他們便等在庭院裡，恰巧飯菜送來了，魏舒就招呼他倆一塊用餐。只見閻沒和女寬眼盯著桌上的飯菜，接連三次歎氣。

餐後，魏舒疑惑地問他們說：「我聽我的叔伯說過，吃飯的時候要忘記憂愁，二位剛才爲什麼接連三次歎氣？」

閻沒和女寬異口同聲地說：「昨晚有人把酒賜給我們兩個小的，所以沒有吃晚飯，現在肚子餓得慌，見剛上來的飯菜心裡雖高興，卻恐怕吃不夠，所以歎氣。等菜上了一半，我們不禁責備自己：『將軍請我們吃飯，怎麼可能會不夠吃？』因此再次歎息。等到飯菜上完又嘆氣，是我們希望小人的肚子就如同君子的心，只要剛剛好滿足就行了！」

魏舒聽到最後一句，才明白閻沒、女寬是藉吃飯來勸諫他知足常樂，莫要貪圖逸樂，而有損自己的聲名。

他感到非常羞愧，馬上下令把梗陽送來的女樂人退回去了。

想在動盪不定的時代生存下去，身爲一個領導者，必須做出最精明的決策。最能顯示出一個領導人智慧的是，能在各種利益之間做出正確的判斷，不因爲貪圖眼前的小利而危及自己的形象和威信。

魏舒一向不貪，所以能享有廉潔的盛名，如果只因爲一點私利，而接受了賄賂，那麼無疑是砸了自己的招牌，讓長久以來的公正廉潔形象毀於一旦。

魏戊是當事人，擔心立場有所偏頗，不足以說服魏舒，所以請求閻沒和女寬代爲勸諫。魏舒官大權重，如果當面說破恐有失顏面，反而招致反效果，於是兩人改以行動暗喻，以退爲進，使魏舒得以權衡事情輕重，及時做出正確判斷。

辛苦建立的好名聲得來不易，但只要犯了錯，名譽難免有虧，要再贏回便難了。魏舒幸而及時被點醒，才不致讓一世英名毀於一旦，鑄下遺憾終生的大錯。

PART 10

設法把對手
變成自己的盟友

想要使難纏的對手成為自己的盟友，
摸清他們的習性，
然後在他們面前說出有用的語言，
無疑是相當重要的。

掌握心理，才能激發實力

帶兵作戰，不只講求攻心為上，更要懂得掌握將士的心理，方能激出勇氣，發揮超乎平常的實力。

楚霸王項籍，字羽，項家世世代代均爲楚國的將領，因受封在項城，所以姓項。項羽身材高大，力大無比，手能舉鐵鼎，才氣超乎常人。

秦朝末年，秦王派兵攻打趙地，趙軍大敗，趙王歇改以陳餘爲將，張耳爲相，牽軍逃到鉅鹿固守。

楚王爲了救趙，派遣大將宋義爲上將，命項羽爲副將，牽領楚軍前去救援。豈料宋義停兵不進，項羽將他殺死，牽領楚軍渡過漳河。

楚軍過了河以後，項羽下令把船都鑿破沉入水中，把做飯的鍋和蒸飯用的瓦甑都敲破，把房屋都燒掉，只保留三天的糧食。

項羽用此法向士兵表示，如不能戰勝，就只有一死，再沒有可退之地。這樣一來，楚兵沒有一個人存有苟且之心，全數奮勇向前。

楚軍一到，立即將秦軍包圍起來，進行決戰。楚軍與秦軍展開激烈的搏鬥，戰場上金鼓齊鳴，殺聲震天。

楚軍勇猛作戰，大破秦軍。項羽揮戈躍馬，帶頭衝入敵陣，一刀將秦將蘇角砍作兩截，楚軍的將士以一當十，拼命死戰。在項羽指揮下，連續向秦軍發起進攻，殺得秦兵血流成河，屍積如山。

另外前來救援的各路將士，見楚軍與秦軍奮勇血戰，都驚得目瞪口呆，站在自己的營壘上觀看，不敢出兵。

鉅鹿之戰，項羽消滅了秦軍的主力。各路軍隊的將領一齊來拜見項羽，表示願意服從指揮。項羽由此威震天下，成了統率各路軍隊的首領。

日本行動學作家邑井操在他所著《決斷力》一書裡寫道：「一個成功者之所以與一般人不同，就在於他能在勝負未分之前就充滿信心，然後以思考去為自己製造勝利的條件。」

只有對自己充滿信心的人，才懂得如何適時表現自己的才華，並且透過心理戰術激發部屬的實力，讓自己比別人早一步獲得成功。

項羽早有破釜沉舟的決心，於是命將士背水一戰，勇往直前。楚軍前有敵兵，後無退路，唯有不斷向前，求得一線生機，才有獲勝的可能，於是衆志成城，以銳不可擋的攻勢殺出重圍，取得獲勝的關鍵。

帶兵作戰，不只講求攻心爲上，更要懂得掌握將士的心理，方能激出勇氣，發揮超乎平常的實力，項羽便是憑著這一股拼搏的猛勁，攻無不克，戰無不勝，打下了半壁江山，成爲一方霸主。

把對手當作成功的推手

對手殘酷的折磨，激出孫臏堅強的意志，怨恨成為支撐他活下去的動力，換個角度來想，敵人反而是成功的幕後推手。

戰國時，齊人孫臏和魏人龐涓原本一起在鬼谷子門下學習兵法。後來，龐涓先行下山，在魏國做了大將，但他深知孫臏的才能遠超過自己，就設下陷阱把孫臏召來，砍斷了他的雙腳，並在他臉上刺了字，塗了墨，使他無法見人。

後來，齊國的使者來到魏國，孫臏私下請求會面，表示想同齊國爲祖國效力。使者認爲孫臏的確是個奇才，就悄悄將他帶回齊國，齊威王很賞識孫臏的才能，任命孫臏擔任齊國的軍師。

西元前三四一年，魏國重新聯合趙國進攻韓國，韓國抵擋不了，只好向齊國告急求救。齊威王派出田忌爲大將，孫臏爲軍師，率兵五萬去救韓國。

田忌採納了孫臏的建議，揮師進攻魏國的都城大梁，目的是逼使魏將龐涓從韓國退兵。龐涓聽到齊軍攻魏，想起前次中了「圍魏救趙」之計，兵敗桂陵的經驗，急忙從韓國撤軍。這時，齊軍已越過國界進入魏國。

孫臏又對田忌說：「魏國的軍隊一向以兇悍勇猛著稱，一定不把我們齊國的軍隊放在眼裡。會用兵的人，要懂得因勢利導，要順著對方的想法再加以引導，引誘他們掉進陷阱裡。」

於是，孫臏下令齊軍進入魏境後，第一天造十萬人吃的灶，第二天則減少一半，只造五萬人吃的灶，第三天再減爲三萬人吃的灶，製造出齊軍已大量逃亡的假象，企圖迷惑龐涓，誘使他放鬆戒心，只率領少數精銳部隊追擊。

龐涓帶兵追蹤齊軍，發現齊軍鍋灶天天減少，當眞中了孫臏之計，以爲齊軍已逃亡過半，不足爲懼。龐涓因而輕敵，留下步兵，只帶著精銳騎兵加速向前追趕。

孫臏判斷龐涓夜裡便會趕到馬陵道，便預先設下埋伏，並削去道旁一棵大樹樹皮，在上面寫了「龐涓死於此樹之下」八個大字，另外，命令埋伏的軍士只要看到火光，即刻同時放箭。

這天夜裡，龐涓果然趕到馬陵道，隱約看到樹上似乎有字，於是下令點亮火把照明察看。頓時，齊軍萬箭齊發，魏軍死傷無數。龐涓身中六箭，智窮兵敗，勢無可挽，只好拔劍自殺。

看人用人厚黑智謀

龐涓器量狹小，只因爲自覺技不如人，就要置孫臏於死地，激起了孫臏的復仇意志。即使面目全非，肢體傷殘，只要腦子還能思考，身體還動得了，拼著一口氣，孫臏也要想辦法報仇。

逃出生天後的孫臏，多次計謀證明了，他的確在調兵遣將上勝龐涓一籌。原本孫臏並不會如此積極與龐涓一爭長短，但因龐涓施予折磨，激出他堅強的意志，怨恨成爲支撐他活下去的動力，換個角度來想，龐涓不就是孫臏成功的幕後推手嗎？

孫臏善用兵法，引誘敵人中計，耗盡其銳氣，再攻其無備，出其不意，終於獲得最後的勝利。龐涓用盡心機，仍然成爲最大的輸家。

義大利政治家馬基維曾經在名著《君王論》裡寫道：「雖然欺詐在其他一切場合都是可惡的，但在戰爭為，欺詐卻是值得稱讚和光榮的。」

的確，在我們的生活周遭，之所以會有那麼卑鄙小人，原因就在於他們像龐涓一樣，渴望獲得某些利益，或是恐懼失去某些賴以維生的屛障，因此才會行事不擇手段，即使傷害別人也不以爲意。

因此，在這個「你不詐人，人必詐你」的人性戰場上，如果你不懂得別人要奸弄詐的伎倆，不懂得把心機用在贏的地方，那麼，你永遠都只是這場人性戰役之中的輸家。

設法把對手變成自己的盟友

想要使難纏的對手成為自己的盟友，摸清他們的習性，然後在他們面前說出有用的語言，無疑是相當重要的。

西元二〇八年秋天，曹操在平定北方以後，率領大軍南征荊州。大軍出發不久，駐在襄陽的荊州牧劉表死去，次子劉琮繼位。劉琮是個膽小鬼，聽說曹操將率軍來攻，便打算投降，以保住自己的地位。

當時，劉備正駐守在襄陽附近的樊城，發現曹操大軍的前鋒逼近，只好率領部下向南撤退。隊伍退到襄陽時，沒料到劉琮竟命人緊閉城門，不讓他們進城。

此時，諸葛亮勸劉備，索性趁此機會拿下襄陽，以便號召荊州軍民共同對抗曹軍。但劉備因爲自己曾受過劉表的恩惠，不忍背棄這段情義，所以下令部隊繼續南下，朝江陵方向撤退。

襄陽人民中，有不少人不願投降曹操，紛紛投奔劉備，因此，劉備的隊伍很快增加到十多萬人。由於人員衆多，行動愈形緩慢，有人建議劉備快馬先行，免得被曹軍追上。但是劉備認爲，要成大事必須依靠人心，如今荊州父老不顧生死前來投奔，他不能不顧大家而先走。

曹軍一到襄陽，劉琮果然開城門投降。曹操知道劉備已率衆南下，便派五千騎兵追擊。不出幾日，終於在當陽的長阪坡追上了劉備。這支兵民混雜的隊伍，當然不是曹操騎兵的對手，好不容易劉備、諸葛亮等人突圍而出，退到了樊口。這時候，曹操的大軍已經從江陵順江東下。

諸葛亮對劉備說：「現在情勢危急，還是讓我去向孫將軍求援吧。」

孫將軍就是指東吳的統治者孫權，劉備一番猶豫權衡，終於同意讓諸葛亮去見孫權。這時，孫權正率軍駐屯在柴桑觀望形勢，諸葛亮見到他，立刻開始勸說合作抗曹的計謀：「當今天下大亂，而將軍佔據了江東，劉將軍也在漢水之南招募隊伍，意欲和曹操爭奪天下。現在，曹操已平定北方，又攻下荊州，一時威鎭四海。連劉將軍這樣的英雄也無用武之餘地，所以只好退到這裡。」

接著，諸葛亮故意再激孫權：「希望孫將軍您可以掂量一下自己的實力。如果您已能以江東的力量和曹操對抗，那麼就應該趁早與曹操斷絕關係；但如果不能，那麼就應該收起武器向曹操投降，俯首稱臣！現在孫將軍您表面上雖服從曹操，內心卻始終猶豫不決。在緊急關頭不能當機立斷，大禍臨頭的日子將不遠了！」

孫權聽了很惱火，不禁反問道：「既然如此，劉將軍何不投降曹操呢？」

諸葛亮回答道：「劉備是王室的後代，他的英雄才氣蓋世無雙，天下人都如此敬慕他，他又怎肯投降曹操呢？」

孫權果然因此被激怒，氣衝衝地表示，他以江東之地和十萬之眾的軍隊也不能受制於人，於是，下決心和劉備結盟抗曹。

看人用人厚黑智謀

想要使難纏的對手成爲自己的盟友，摸清他們的習性，然後在他們面前說出有用的語言，無疑是相當重要的。

但是，人的個性都有顯性與隱性的部分，有時並不是那麼好掌握，英國思想家培根就曾經說道：「人的天性是相當狡猾的，它可以在你警惕的時候潛伏下來，當你放鬆時再冒出頭。」

有的人平時表現出的性情，是經由環境壓抑或是下意識刻意包裝的，因此，想要爭取他們的幫助，就必須透過旁敲側擊與審慎的深入觀察，瞭解他們最眞實的內在性格，然後才能施展有效的心理戰術。

諸葛亮明白當時曹操氣焰正盛，劉備勢尙不足，要與其爭鋒，勝算極微。既然暫時無用武之地，倒不如暫避鋒芒，激得東南最大勢力孫吳之力爲支持。

孫權一向行事謹愼，當時仍屈居曹操之下，猶豫著是要趁機而起，還是隔山觀虎鬥，諸葛亮簡單一席話，「請將不如激將」，順利地激得東吳大軍相助。

對症下藥，才能達到療效

「天下本無事，庸人自擾之」，人心如水，要懂得順其自然因勢利導，不要威逼強堵，必然能收到良好的效果。

唐睿宗時，朝廷中有個監察御史名叫陸象先。他為人寬容，才學很高，辦事幹練又敢於直言，唐睿宗相當器重他。可是，有一次他因事觸怒了唐睿宗，結果被貶到益州，擔任大都督府長史兼劍南道按察使。

陸象先到任以後，對老百姓十分寬厚仁慈，即使是犯罪的人，也不輕易對之動用刑罰。他的助手韋抱眞勸他說：「這地方的百姓十分愚頑，很難管教。你應該用嚴厲的刑罰來建立自己的威望。不然的話，以後就沒人怕你了！」

陸象先聽了，搖搖頭說：「我的看法和你完全不同。老百姓是要去治理的，治理得好，社會便能安定，老百姓安居樂業，他們自然會服從。爲什麼一定要用嚴刑來樹立自己的威望呢？」

於是，陸象先用自己的方法治理益州，果然有聲有色。

有一次，一個小官吏犯了罪，陸象先瞭解狀況後，只是訓誡了他一頓，勸勉他以後不要再犯。他的屬下認爲，這樣的懲處實在太輕，應該用棍子重重責打他一頓才行。陸象先嚴肅地說：「人都是有感情的，而且每個人的智慧都相差不遠。如今我已責備了他，他難道不能理解我的話嗎？他是你的手下，他犯了罪，難道你就沒有責任嗎？如果一定要用刑的話，那非得從你開始不可。」

屬下聽了，滿臉羞慚地退了下去。

後來，陸象先也曾多次對他所管轄的官吏們說：「天下本來就沒有什麼了不起的大事，只是有一些見識淺陋、平庸無能之輩，鎮日自己騷擾自己，結果把一些很容易解決的事情也弄糟了。又要從根本上來解決問題，那麼以後就可以減少許多麻煩，這才是處理事情的方法。」

陸象先以他自己的方法施政，當真把益州治理得很好，百姓生活安定，地方官吏也十分佩服他。

看人用人厚黑智謀

一旦有錯誤顯露出來，那就表示管理的方法出了差錯。這個時候不要驚惶失措或怒急攻心，一定要從頭到尾，每一個步驟都仔細檢查，尋找眞正的問題所在，再對症下藥。如果只是治標而不治本，或是將問題遮掩起來，表面上似無大礙，其實早已病入膏肓，那時便極難解決了。

陸象先認爲要妥善治理地方，能明瞭百姓的需求最爲重要。如果政令安排得合理，那麼人民便會樂於遵從；如果政令安排得不合理，卻強要人民接受，那麼他們就會起來反抗。若能明白這層道理，治理起來便能得心應手。

「天下本無事，庸人自擾之」，人心如水，要懂得順其自然因勢利導，不要威逼強堵，必然能收到良好的效果。

只顧自己，當然會被遺棄

幽王妄信佞臣，不思長進，又不能虛心接受別人的勸諫，聽取人民的聲音，除了走向敗亡，還有什麼未來可言呢？

西周從周厲王起，國勢一蹶不振，政權越來越不穩定，等到西元前七八一年周幽王當政時，情況更是每下愈況。在他統治期間，對百姓嚴重剝削，再加上連年地震與旱災，人民流離失所，痛苦不堪。

但是，周幽王不僅不知悔改，圖謀解決之道，反而更加驕奢淫逸，根本不把人民生活放在心上。他重用太師尹氏，任由尹氏掌管朝廷大權，致使政治日趨混亂，國勢逐漸衰敗，人心離散。

當時，有個名叫家父的大臣因此感到非常憂慮，希望周幽王能早日看到政治的危機，維持周朝的天下威勢。於是他寫了一首詩，一方面揭露了太師尹氏的罪行，另一方面表達老百姓的憂憤。

然而，周幽王根本不聽家父等人的勸諫，終日仍恣意荒淫，任憑朝政腐敗。

後來，申侯聯合犬戎等外族大舉進攻，昏昧的周幽王終於兵敗，被殺死在驪山腳下，西周也因此而滅亡。

看人用人厚黑智謀

想要成爲一個優秀的領導人，本身的素質與器量相當重要，此外，良好的形象也是不可或缺的。

心理學家都認同，一個領導者建立良好的形象，既可以增強自己的領導威信，更可以激發部屬的向心力與工作效率。

一個領導者想要讓部屬接近自己，聽從自己的指揮辦事，必須展現出迷人的個性，具備慷慨厚重的器量，如此才能建立起應有的形象和權威。

如果像故事中的周幽王一樣只知滿足個人的慾望，根本不顧臣民的死活，怎能凝聚部屬的向心力為自己效命呢？

周幽王身為天子，卻不能為百姓著想，只貪圖自己享樂，最後自然也為人民所遺棄。

幽王妄信佞臣，不思長進，又不能虛心接受別人的勸諫，聽取人民的聲音，沒有為家為國盡力，除了走向敗亡，還有什麼未來可言呢？

果然內憂外患同時而起，根本無力應付，亡國是在所難免的下場。

要順應趨勢，也要替自己留後路

在抉擇的時刻，必須懂得權衡輕重、審度時勢，既順應大勢，又為自己留一條後路，方能有所成就。

秦朝末年，秦二世胡亥荒淫無道，朝政在佞臣趙高的掌控下，倒行逆施指鹿爲馬，令天下百姓怨聲載道，當時陳勝、吳廣率先揭竿而起，各地紛紛起而響應。

不久，原楚國名將項燕的兒子項梁，和他的侄兒項羽殺了會稽太守，率兵回應起義。這時，陳勝已經稱王，手下有十幾萬人。

一次與秦軍的戰鬥之中，陳勝兵敗逃走，他的部下召平便假傳陳王的命令，拜項梁爲楚王上杜國，要項梁率軍渡江，進擊秦軍。

於是，項梁便率八千江東子弟兵渡江前進。

這時，東陽縣有個獄吏名叫陳嬰，一向在縣中很有威信，東陽的百姓都很尊敬他。東陽縣的年輕人見到全國起義浪潮風起雲湧，也殺了東陽縣令，聚集了幾千人，宣佈起義。他們一致請陳嬰做他們的首領，起初，陳嬰極力推辭，說自己無能擔任，但拗不過大家再三請求，只好答應了下來。

縣中的老百姓聽說陳嬰做了起義軍的首領，紛紛前來投靠。很快地，東陽的義軍便壯大到兩萬多人。東陽的年輕人又想獨樹一幟，擁戴陳嬰為王，所有士兵一律用青色的頭巾裹頭，顯示他們是一支與眾不同的軍隊。

但是，陳嬰的母親卻感到擔心，對陳嬰說道：「自我嫁到陳家，從沒聽說你家的祖先有什麼大貴的人，現在你的名氣一下子升得這麼高，不是什麼好兆頭。不如你慎選有德之士率眾歸順，將來若起義成功，必可獲得封侯。萬一起義失敗，也沒有人會責怪於你。」

陳嬰覺得母親的話有理，便不敢稱王，對部下說：「項梁是楚國名將項燕的兒子，很有名聲，我想，將來率兵滅亡秦國的一定是項氏。我決定歸附他，願意追隨的人，就一起來吧。」

這時，正好項梁率兵過江，陳嬰便順勢率領部眾歸順了項梁，最後兩股兵力結合，共同西擊秦軍。

看人用人厚黑智謀

陳嬰的爲人很得百姓軍民支持，所以得以異軍突起，但是他對自己的信心不足，遇事沒有勇氣擔當，容易裹足不前，稱不上是一名好領袖。

他的母親明白他性格上的弱點，擔心他受盛名所累，而陳嬰自己也不願擔負如此重大的責任，識時務地歸附項梁，不失爲一種保全之道，雖然是爲項氏打天下，但是其實也爲自己留了後路。

在抉擇的時刻，必須懂得權衡輕重、審度時勢，既順應大勢，又爲自己留一條後路，方能有所成就。

高壓手段只會招來反彈

合理的政策命令，經過詳細的說明與輔導，使百姓明白政府的立意與威信，人民才會樂意遵從。

漢代文學家司馬相如多才多藝，會擊劍、撫琴，擅長寫詩作賦，因此受到漢武帝的賞識，留他在身邊當官。

這時，正巧唐蒙在修治西南蜀道，爲了加快修繕的進度，徵召了過多民工，又因故殺了他們的首領，引起了巴蜀人民的驚恐和不安，紛紛起而反抗。

騷亂一起，一時難以收拾。漢武帝知道了這件事情，便讓司馬相如前去追究唐蒙的過錯，並且寫一篇文告，向巴蜀人民解釋，以求儘快安撫民心。

司馬相如在文告中寫道：「調集民夫、士兵來修築道路，是理所當然且勢在必行的，但是因此驚擾了長老、子弟則不是陛下的意思。有人不明白國家的法令制度，甚至驚恐逃亡或自相殘殺，這是不對的。士兵作戰的時候，應該迎著刀刃和箭矢而上，絕不容許回頭，寧可戰死也不能想要逃跑。你們應該要冷靜下來從長計議，急國家之難，盡人臣之道……」

由於司馬相如順利地將這件事完成，使得修路的工程能夠繼續進行，漢武帝因此非常高興，拜司馬相如爲中郎將。

看人用人厚黑智謀

春秋時期，輔佐齊桓公稱霸諸侯的一代名相管仲曾說：「聖人擇可言而後言，擇可行而後行。」

眞正聰明睿智的人，最大的特點就是，只要看到事物的外貌，就能夠運用智慧去理解它的本質，並且用最適當的方法去面對。

因此，他們總是可以找到最合適的語言，貼切地表達自己心中的意念，然後達到自己想要的目標，絕對不會像故事中的唐蒙一味使用高壓手段辦事，因為這種方式只會使自己遭遇龐大的阻力。

唐蒙求功心切，以高壓強硬的方式，嚴重擾民，結果帶來了反效果，引起群眾反彈，抗議罷工，不只工程進度因此停頓落後，更激起民怨，落得一事無成。

漢武帝為求政令能夠順利進行，便派遣司馬相如前去斡旋，一方面懲戒唐蒙，一方面穩定民心。司馬相如運用機智與文采，一篇文告寫來通情達理，委婉地表達漢武帝的旨意，順利地化解這場巴蜀糾紛。

合理的政策命令，經過詳細的說明與輔導，使百姓有心理準備，明白政府的立意與威信，人民才會樂意遵從。反之，不顧人民意願，強制執行嚴苛無理的命令，勢必招致反對起而抗爭，實在欲速則不達。

不要讓一時的意氣壞了大局

「退一步，海闊天空」，若讓彼此的意氣之爭，破壞了團體的默契，可就得不償失了。

三國時期吳國的名將周瑜，年輕時就才華出衆，且儀表堂堂，相貌俊美。他自小即與孫策結下了深厚的友誼，後來傾力幫助孫策向江東發展，建立了孫氏政權。

西元一九八年，周瑜來到吳郡，孫策親自迎接，並封他為建威中郎將。這一年周瑜才二十四歲，當地百姓見他年輕有為，英姿煥發，都親熱地稱他為「周郎」。

不久，周瑜跟隨孫策攻克了皖縣，得知皖縣的喬公有兩個非常美麗的女兒，大女兒人稱「大喬」，小女兒「小喬」，於是孫策娶了大喬，周瑜娶了小喬，由此可見兩人關係之密切。

一年後孫策遇刺身亡，由他的弟弟孫權繼位統理政事。從此，周瑜輔佐孫權，幫助掌管軍政大事，在朝中獲得了很高的聲望。

周瑜性格開朗，氣度寬宏，待人接物謙虛和氣，朝中文武大臣都喜愛與他交往，獨獨只有程普處處對周瑜不滿。

程普也是東吳的名將，很早就跟隨孫權的父親孫堅，後來又幫助孫策成功經營江南，算是孫氏政權中元老級的人物。

他見周瑜年紀輕輕，地位卻越攀越高，處於自己之上，內心頗感不服，所以常常以老賣老，給周瑜臉色看，藉以抬高自己身價。

然而，周瑜寬宏大量，不願和程普起衝突，所以處處克制、事事謙讓，始終不與程普計較。有一次，周瑜乘車外出，途中正好迎面碰上程普坐車而來，趕緊命車夫將車駛到一旁，讓程普的車先過。

程普目睹這個情況，以為周瑜在討好自己，感到非常得意。

西元二〇八年，曹操率兵二十餘萬南下，結果在赤壁之戰中被東吳和蜀漢聯軍擊敗。在這次戰爭中，周瑜和程普分任吳軍左右都督，戰略主要是由周瑜制定。但事後，程普卻處處貶低周瑜，邀功自誇。周瑜知道後不僅不予辯駁，反而順著說自己還年輕，這次戰鬥沒有程普幫助是不能取勝的。

周瑜一再謙遜忍讓，程普也察覺了。爲了消除彼此間的隔閡，周瑜甚至多次拜訪程普，表示願與程普共同攜手，開創東吳的新政局，強大國家的力量，與曹魏及蜀漢抗衡。在這種情況下，程普對周瑜深感敬服終於拋棄偏見，並決定與他融洽相處。後來，程普對別人感歎說：「跟公瑾（周瑜的字）相交，好比飲味道濃厚的美酒，不知不覺就醉了。」

看人用人厚黑智謀

日本作家桐田尚作曾經寫道：「要建立良好的人際關係，要先多瞭解每一個人所秉持的主觀信條和所屬環境，如此才能切入他的思想領域，和他進行更密切的溝通和良好的互動。」

程普對於周瑜能如此寬厚待人，處處謙讓自己言行，十分地感動。最終二人齊心爲東吳盡心效忠。

周瑜爭一世而不爭一時，有器量地適時忍讓，避開氣頭上的程普，不與之正面交鋒，以免傷了和氣，實在修養到家。所謂「退一步，海闊天空」，若讓彼此的意氣之爭，破壞了團體的默契，可就得不償失了。程普最後能體認到周瑜的苦心，願意摒棄成見，共同爲國家效力，也算是覺悟時猶未晚。

日本作家大久光曾經提出一個有趣的比喻：「協調關係是糖，對立關係是鹽。單單是糖太過甜膩，適度地加點鹽，人際關係才會變得更協調。」

在現代社會中，人際關係就猶如空氣一般，誰也脫離不開這張巨網，但是，光靠廣泛的交際，無法建立良好的人際關係，你必須瞭解誰才是値得你用心交往的對象，然後加糖加鹽，讓彼此的關係更緊密。

飲鴆止渴只會自取滅亡

飲鴆止渴，雖然或許暫時解了口中飢渴，但吞下了劇毒，性命垂危，恐怕再也沒活命的機會了。

東漢時，曾擔任廷尉的霍諝，從小勤奮好學，少年時代就讀了大量儒家經書，在家鄉頗爲出名。

霍諝的舅舅名叫宋光，在郡裡擔任官職。由於他秉公執法，因此得罪了一些權貴，反被他們誣告篡改詔書，從而押到京都洛陽，關進監獄。

宋光下獄後，霍諝的心情一直無法平靜，當時他雖然只有十五歲，但各方面想法都已經很成熟。他從小常和宋光在一起，對舅舅的爲人非常清楚，知道舅舅不可能幹這種做假的事。

他日思夜想，究竟怎樣才能爲舅父仲冤，最後決定寫一封信給大將軍梁商，爲舅舅辯白。信中有這樣一段話：「宋光身爲州郡的長官，一向奉公守法，以身作則，才能得到朝廷的任用，怎麼可能會冒觸犯死罪之險而去篡改詔書呢？這不好比爲了充饑而去吃有毒的附子，或飲下劇毒鴆酒來解渴嗎？如果眞是這樣的話，恐怕不等酒入腸胃，剛到了咽喉處就已經斷氣了。試想他怎麼可能這樣做呢？」

梁商讀了這封信，覺得很有道理，對霍諝的才學和膽識也很賞識，便查明眞相請求順帝寬恕宋光。

不久，宋光得以被免罪釋放，而霍諝的名聲也很快地傳遍了洛陽。

看人用人厚黑智謀

若無霍諝努力不懈地奔走，宋光恐怕早就因爲不白冤獄而喪失性命了。

如果只是爲了眼前的利益，而輕易地放棄別人對你的信任，那眞如飲鴆止渴，雖然或許暫時解了口中飢渴，但吞下了劇毒，性命垂危，恐怕再也沒活命的機會了。

霍諝以「飲鴆止渴」的道理，爲宋光申冤，試想明知篡改詔書必定死罪難逃，又怎麼可能會輕易地以身試法呢？幸好梁商不是愚昧之人，經過一番深入調查，終於還得宋光清白。

英國著名的詩人布萊克曾經寫過一段有趣的格言詩：「如果你在機會成熟之前就捕捉它，你必將抹後悔之淚。」

如果你想在工作場合出人頭地，有一番超越別人的成就，首先就必須建立起讓別人肯定的良好形象，如此一來才可能獲得自己想要的地位，進而站在有力的地位實踐自己的抱負。

想要登上成功的殿堂，千萬不可操之過急，也不能飲鴆止渴，如何適時掌握機會，適度地加以運用，無疑是對智慧的一大考驗。

不要讓敵人有喘息的餘地

敵人弱勢就該乘勝追擊，一股作氣，不容其有喘息之餘地。否則縱虎歸山，當他重新整備捲土重來之際，恐怕又是另一番局面。

晉代的杜預（西元二二二～二八四），學問淵博，見識廣遠，能文能武。擔任文官之時，經常能提出安邦治國的好建議；擔任武將時，善於謀略、率軍打仗屢建戰功，晉武帝時封為鎮南大將軍，總督荊州一帶的軍事。

西元二八〇年，杜預向晉武帝司馬炎建議，吳國已經勢微，應該趁機討伐。獲准之後，他調兵遣將，出兵不過短短十天，就佔領了長江上游的許多城池，接著又用計活捉了吳軍都督孫歆，以及高級文武官員兩百多人。

當時有人認為吳國建國多年，實力不可小覷，不可能一下子就將它徹底消滅，又適逢夏天，氣候炎熱，很容易流行疾病、瘟疫，何況因暴雨而河水氾濫，對於部隊作戰十分不利，因此建議暫時收兵，等到冬天再集中火力進攻。

但杜預強烈反對，主張乘勝追擊，不給吳軍喘息的機會。

他說：「現在我軍連勝幾仗，軍威大振，更應該以這種旺盛的鬥志去進攻。吳軍已連吃敗仗、士氣低落，繼續打下去，其形勢就像用利刃劈竹子一樣，前幾節破開了之後，後幾節只要刀刃一進，竹子就順勢分為兩半。」

於是，在杜預的謀劃之下，晉軍繼續前進，一股作氣地進逼吳都建業，短短一個多月，沿途所經過的城池，無不輕易擊破，就這樣一舉攻佔了吳國。

看人用人厚黑智謀

美國總統林肯曾說：「如果我們能夠瞭解自己的處境和趨向，那麼，我們就能更好地判斷我們應該做什麼，以及應該怎麼去做。」

想要奠立進步與成功的基礎，方法其實很簡單，那就是充滿自信，掌握自己的行事節奏，明白自己運用的戰略，一旦採取行動就要貫徹到底，千萬不要因爲一時心軟手軟而放過奄奄一息的敵人。

敵人強勢則避其鋒芒，再伺機而動；敵人弱勢則乘勝追擊，一股作氣，不容其有喘息之餘地。否則縱虎歸山，當他重新整備捲土重來之際，恐怕又是另一番局面，無法保持目前的優勢。

杜預深明其中道理，知道東吳氣弱早已不堪一擊，萬萬不能就此鳴金收兵，反而要傾全力一舉攻滅。如此挾帶著強而有力的軍勢，對手必定不敢與之抗衡，便可不費兵卒而輕鬆獲勝。

杜預觀察敏銳，調兵遣將明快果決，靈活運用謀略，使敵人防不勝防，難怪有「杜武庫」的美稱。

PART 11

言之有理，方能達成說服的目的

所謂「上兵伐謀」，
首先就是要靠智謀破壞敵人的計劃，
若戰略能夠掌握得當，
便可不費一兵一卒就達到目的。

知人善用才有可能成功

不一定非得要衝鋒陷陣，才能立下功勞，能夠冷靜主持戰略，謀劃戰術，也是左右戰局的一大關鍵，所帶來的影響反而更大。

張良本爲韓國貴族，韓國被秦國所滅後，張良曾暗中募得大力士行刺秦始皇，可惜失敗。後來，劉邦起義，他便投入劉邦麾下效力。

傳說張良曾得邳下老人贈送兵書，因此他雖體弱不能武，無法帶兵作戰，但是足智多謀，爲劉邦謀劃計策多有奏功，與韓信、蕭何並列爲「漢興三傑」。

劉邦稱帝后，在都城南宮擺設酒宴，招待文武官員。

酒過三旬，劉邦說：「諸位不要瞞我，都要說眞心話。我爲什麼能取得天下？項羽又是爲什麼會失去天下的呢？」

兩位將領馬上站起來回答說：「項羽待人輕慢而且好侮辱人，陛下仁厚而且愛人。陛下派人攻打城池，奪取土地，所攻下和降服的地方就分封給大家，跟天下人同享利益。而項羽妒賢嫉能，有功的嫉妒，有才能的懷疑，打了勝仗又不授功，奪得了土地也不給人家好處，這就是他失去天下的原因。」

劉邦搖搖頭，對眾人說：「你們只知其一，不知其二。如果說在軍帳之中出謀劃策，在千里之外的沙場上決定勝負，我比不上張良；鎮守國家，安撫百姓，供給糧餉，保證運糧道路不被阻斷，我比不上蕭何；統率百萬大軍，戰則必勝，攻則必取，我比不上韓信。這三個人都是人中的俊傑，我卻能夠使用他們，這就是我能夠取得天下的原因。項羽麾下雖然有一位重要的謀士范增，但是他卻不信任，這就是他被我攻滅的原因。」

後來，劉邦大封功臣，張良被封「留侯」曾引起諸多武將不滿，但劉邦卻以爲「運籌帷幄之中，決勝千里之外，子房功也」，稱許張良雖然未帶一兵一卒，但於營帳之中所安排的策謀，卻左右了戰局變化，實在有大功勞。

看人用人厚黑智謀

美國管理大師彼得．杜拉克曾經說過：「一個管理者如果把手下的人看做是軟弱的、不負責的、懶懶散散的，那麼，毫無疑問的，他的屬下也必定會如他所預期的一般發展。」

這番話告訴我們，知道人才的特性，並且懂得在恰當的時機運用他們的才能，才會是一個成高的領導者。

不一定非得要衝鋒陷陣，才能立下功勞，能夠冷靜主持戰略，謀劃戰術，也是左右戰局的一大關鍵，所帶來的影響反而更大。

張良是優秀的軍師謀士，不只能善用兵法、擺陣佈勢，更以遠大的眼光，爲劉邦出謀劃策，收買人心，的確稱得上是漢朝的開國功臣。劉邦知人善任、廣納賢才，更是建立功業的主因。

活用戰術才能出奇制勝

真正稱得上戰略高手的，不是那些飽讀兵書，只會紙上談兵的人，而是那些不拘泥兵法陣圖，懂得根據實際情勢靈活運用戰術的人。

南宋的抗金名將岳飛，少年時代就很有抱負，成年後更是身軀魁梧健壯，體力過人，武藝和騎射均超群非凡。他又愛讀兵書，掌握了許多用兵佈陣的知識，並且培養了崇高的民族氣節和愛國精神。

一一二五年，金兵攻滅遼國以後，又大舉南侵，其中一路準備渡過黃河直撲宋都汴京。岳飛奉命率領三百名騎兵，趕往李固渡口狙擊金兵。

到了渡口，岳飛趁著敵軍尚不知渡口宋軍虛實，在他們立足未定之時，便指揮騎兵猛衝過去。宋兵異軍突起，殺得金兵潰師大敗，狼狽逃竄，重挫他們想要撲向汴京的企圖，也使得岳飛聲名大振。

由於岳飛屢出奇招兵重創金兵，當時的副元帥宗澤便誇獎他說：「以你的智勇才藝，即使古代名將也不過如此。但你只擅長野戰，這總不是萬全之計。我有一部古陣圖，你拿去學學，必然前途無量。」

岳飛恭謹接過古陣圖，卻婉轉地說：「多謝元帥厚愛。末將以爲，排好陣勢再戰，是兵法上經常用到的，人人都知道，至於要如何運用得巧妙、靈活，那可全在於思考了。末將以爲，身爲一個將領最重要的是要能善於知己知彼，臨陣應變，才能出奇制勝。」

看人用人厚黑智謀

美國作家邁斯曾說：「煤就算在地下埋了一萬年仍舊是煤，但是，人的腦袋如不充分利用，就退化變質了。」

能在歷史上開創豐功偉業，往往是那些打破陳腐觀念，敢於冒險犯難，勇於嘗試各種新奇作戰方式的人。

眞正稱得上戰略高手的，不是那些飽讀兵書，只會紙上談兵的人，而是那些不拘泥兵法陣圖，懂得根據實際情勢靈活運用戰術的人。

岳飛用兵展現了他運籌帷幄的天分，敢於突破當時戰略戰術的傳統藩籬，組織大規模的進攻，運用野戰游擊使得對手疲於應付，所以在諸多南宋將領之中，顯得出類拔萃。岳飛的成功，正是在於他能不拘泥成法，懂得隨機應變，取得天時地利，因此能夠戰無不克。

鬆懈，將會帶來危機

只獲得短暫的勝利，就因此而志得意滿，對敵人失了防心，是再危險也不過的事了。

春秋時代，晉悼公當了國君以後，想重振晉國的威名，如同他的先祖晉文公一樣，稱霸於天下諸侯。

當時，晉國的北方有戎、狄等部落，經常騷擾邊境。於是，晉悼公採用大夫魏絳的建議，主動和戎、狄等部落和好，使北部邊境漸漸安定了下來。接著又派使者和魯、齊、陳、宋等各國諸侯交好，並多次召集各國諸侯一起會盟，果然大大提高了晉國的威望。晉悼公終於實現了自己的願望，成了中原諸侯的盟主。

鄭國是晉國鄰近的一個小國，但是三心二意地一會兒和晉結盟，一會兒又公開歸順於楚國。晉悼公對鄭國如此的行徑很是生氣，於是，西元前五六二年，聯合了宋、魯、衛、齊等十一國的部隊共同出兵伐鄭。

鄭簡公兵敗投降，送晉國大批禮物示好，計有兵車一百輛、樂師數名、一批名貴樂器和十六個能歌善舞的女子。

晉悼公很高興，要把這些禮物的一半賞賜給大功臣魏絳，並對他說：「魏卿，是你勸我跟戎、狄和好，又安定了中原各國。八年來，我們九次召集各國諸侯會盟，現在我們和各國的關係，就像一曲動聽的樂曲一樣和諧。你瞧，鄭國送來這麼多禮物，就讓我和你同享吧！」

「能和狄、戎和好相處，這是我們國家的福氣。大王做了中原諸侯的盟主，這是憑您的才能，我所出的力量是微不足道的。不過，得意之餘，我希望大王能在安享快樂的時候，多多考慮一些國家的未來。《尚書》裡曾說：『在安定的時候，要想到未來可能會發生的危險。您想到了，就會有所準備，有所準備，就不會發生禍患。』我用這些話來提醒大王，請大王深思！」魏絳說。

晉悼公聽了很感動，說道：「我一定會接受你的勸告；但獎賞有功之臣，這也是理所當然的，所以你也一定要接受這些賞賜。」

魏絳見推辭不了，只好接受了晉悼公的賞賜。

看人用人厚黑智謀

石油大王洛克斐勒曾說：「最艱難的競爭往往不是來自外面強大、睿智、謹慎的競爭對手，而是來自處於險境卻仍一無所知的自己。」

鬆懈將會帶來危機，如果只獲得短暫的勝利，就因此而志得意滿，對敵人失了防心，是再危險也不過的事了。

「人無遠慮，必有近憂」，雖然魏絳助晉悼公取得了天下的威信，完成了晉悼公的願望，但是他認爲不應該輕易地鬆懈，因爲當時晉國雖強過周圍小國，但天下間仍有秦楚爭鋒，並非安全無虞，而且四周小國目前雖然歸服，也難保不會有貳心，他日陣前倒戈，反成心腹大患。

言之有理，方能達成說服的目的

所謂「上兵伐謀」，首先就是要靠智謀破壞敵人的計劃，若戰略能夠掌握得當，便可不費一兵一卒就達到目的。

春秋時期，中原霸主齊桓公死後，由他的兒子齊孝公繼承王位。魯僖公二十六年，西元前六三四年夏天，魯國遭到了嚴重的災荒，齊孝公卻乘人之危，親率大軍浩浩蕩蕩地向東進兵，攻伐魯國。

魯僖公得知消息，知道魯軍無法和齊軍對抗，便派大夫展喜帶著牛羊、酒食去犒勞齊軍，順便拖延他們的進軍速度。

這時，齊孝公的軍隊還沒有進入魯國國境，展喜日夜兼程，終於在齊魯邊界上遇到了齊孝公。展喜對齊孝公說：「我們魯國的君王聽說大王親自來到我國，特地派我前來慰勞貴軍。」

「你們魯國人害怕了嗎？」齊孝公傲慢地說。

展喜是個能言善辯的人，不卑不亢地回答說：「那些沒有見識的人可能有些害怕，但我們魯國的國君和大臣們卻一點也不害怕。」

齊孝公聽了，輕蔑地說：「哼，你們魯國國庫空虛，老百姓家中缺糧，田地裡別說莊稼了，就是連草也看不到，你們憑什麼不感到害怕呢？」

展喜仍胸有成竹，不慌不忙地說：「我們依仗的是周成王的遺命。當初，我們魯國的祖先周公和齊國的祖先姜太公，忠心耿耿、同心協力地輔助成王，廢寢忘食地治理國事，終於使天下大治。成王對他倆十分感激，讓他倆立下盟誓，告誡後代的子子孫孫要世代友好，不互相侵害，這都是有歷史記載可尋的。我們的祖先是這樣友好，大王您又怎麼會貿然廢棄祖先的盟約，進攻我們魯國呢？我們正是依仗著這一點才不害怕。」

齊孝公聽了，覺得展喜言之有理，也擔心自己的行徑遭天下非議，就打消了討伐的念頭，班師回國了。

德國心理學家馬克．拉莫斯曾經提醒我們：「不管贊成或者是反對某件事，兩種意見總是會有大量的理由。語言的藝術就在於你如何充分地表達，但是百分之九十九的人，卻經常忽略說話的重要性。」

從許多歷史故事，我們可以得知語言的力量勝過千軍萬馬，因此，想要成功地使事情朝自己期望的方向發展，就不能不加強自己說話的方式。

齊國大，魯國小；齊國強，魯國弱，齊孝公想趁人之危，但展喜的一席話，不只有理有據，大義凜然又委婉動聽，說得齊孝公無話可答，只好收兵。展喜充分地發揮了外交上的長才，說之以理，免去了一場無謂的戰爭。

所謂「上兵伐謀」，首先就是要靠智謀破壞敵人的計劃，若戰略能夠掌握得當，便可不費一兵一卒就達到目的。

展喜既顧全了齊孝公的顏面，又以機智勸退齊軍，稱得上是一次外交上的勝利。

執行力來自意志力

用人不疑，疑人不用，如果不能信任執行部屬的判斷與執行能力，反而要處處干涉，不如不用，以免浪費時間。

東漢扶風郡茂陵（現陝西省興平縣東北）人耿弇，幼年時見到操練兵馬，威風凜凜，便立志從軍。他後來加入劉秀的軍隊，屢建戰功，被任命爲大將，是漢光帝中興漢室和鞏固政權的重要將領。

有一次，劉秀命耿弇率軍，去攻打佔據山東青州十二郡的豪強張步。張步兵強馬壯，極難對付，是東漢初期之一大威脅勢力。而張步聽說耿弇將率兵來攻，就派大將軍費邑等人分兵把守歷下、祝阿、臨淄（均在山東境內）等地，準備迎擊。

耿弇先攻下祝阿，之後再用計相繼攻下了歷下和臨淄。

張步因此著急了起來，親自帶兵反攻臨淄，於是兩軍在臨淄城外進行了一場生死搏鬥的血戰。在戰鬥中，耿弇大腿中了一箭，可是他仍英勇果敢地用佩刀砍斷箭杆，堅持帶傷戰鬥。

劉秀聞訊，親自帶兵前來支援。在援兵還未到達的時候，部將陳俊認爲張步兵力強大，建議暫時休戰，等到援兵趕到後再發動攻擊。

可是耿弇卻認爲，做事要負責到底，不能把問題留給別人，經過一場激烈的苦拼，耿弇終於把張步打得大敗。

幾天後，劉秀終於趕到臨淄，慰勞軍隊。他在許多將官面前公開誇獎耿弇說：「過去韓信破齊兵於曆下，助高祖開創基業，現在將軍不只攻克祝阿，而且連戰連捷，兩功相仿，更甚其上。從前在南陽時，你曾建議平定張步，我當時以爲你口氣太大，恐怕難以成功，如今才知道，有志者事竟成啊！」

美國總統羅斯福在談論自己的領導藝術時曾經說：「一個最佳的領導者，是一位知人善用的人，而且要讓下屬甘心盡忠職守。」

就算能力再怎麼高強的領導者，也會有自己的侷限與不足，也常常會出現力有不逮或者是分身乏術的情況，這時候就要懂得妥善利用下屬，讓他們幫助自己完成那些棘手的事情。

劉秀帶兵用人，從來不吝惜稱讚下屬。他能信任屬下，充分授權，全力支持手下的正確判斷，因此贏得了部將兵士的忠心與信賴，願意爲他赴湯蹈火，這是他得以順利地復興漢室的一大原因。

所謂用人不疑，疑人不用，如果不能信任執行部屬的判斷與執行能力，反而要處處干涉，不如不用，以免浪費時間。

耿弇既然向劉秀承諾過，自己將盡全力攻破張步勢力，即使遭遇險阻，也不輕易退卻，這是他對事情認眞且負責任的態度。他勇往直前、不屈不撓的精神，値得效法，此事也被後世引申爲「有志竟成」，經常用來惕勵人心，努力不懈終將有成。

光憑勇氣，無法獲得勝利

光有勇氣，沒有妥善的陣勢相助，一旦氣弱，就很容易兵敗如山倒，反而危險。

魯成公二年，齊國派兵攻打魯國和衛國。晉國為了救援，也派郤克率大軍前往，會合魯、衛兩國的軍隊，在鞍地擺開了陣勢，紮下營寨，準備一決死戰。

齊軍中有一員非常勇猛的大將，名叫高固。在決戰的前一天，他就向齊頃公說：「明天交兵，請由我先出陣，我倒要看看晉軍究竟有多厲害！」

第二天，兩軍一交鋒，高固便自己單獨駕了一輛戰車，直衝晉營，一見對面來了一個同樣駕著戰車的晉軍將官，二話不說，舉起一塊大石頭突然向他砸去。那個將官一時沒有提防，就被石頭擊中，身受重傷，倒臥在車上。高固則乘機跳上對方戰車，押著他飛跑回營。

高固立下了戰功，便想藉此顯示一下自己的威風，便在戰車後面拴上一棵桑樹，拖著在齊營裡快速跑了一圈。

他一邊駕著戰車一邊洋洋得意地高喊：「誰需要勇氣，快來買啊！我還剩下不少的勇氣沒有用完，可以賣給別人！」

看人用人厚黑智謀

所謂「一股作氣，再而衰，三而竭」，兩軍交戰的時刻，彼此的氣勢與鬥志，無形中也影響著戰局。

高固毫不畏懼地朝敵軍陣營衝去，大有「一夫當關，萬夫莫敵」的氣勢，殺得敵軍措手不及，無疑地爲自己的軍隊提升了不少信心。可惜，齊軍光有勇氣沒有妥善的陣勢相助，一旦氣弱，就很容易兵敗如山倒，反而危險。

「驕兵必敗」，這場齊晉之役因爲齊軍師出無名，加上沒有適當的將帥領導，只憑匹夫之勇，最後戰事失利，只好要求和談。

美國管理學家德魯克曾經說過：「就算擁有過人的才能，也並不等於最後一定會擁有過人的成就。一個人的才能，只有透過有條理、有系統的規劃分配，才能得到最佳的表現。」

眞正的管人用人高手，絕對不是有勇無謀之輩，也不會爲了在部屬面前展現本身的若干才能，而讓自己分身乏術、疲於奔命。他們講究的是如何透過心理作戰激發群體的力量，創造屬於群體的勝利。

先充實自己，再掌握正確時機

唯有自己不斷地充實，才有可能跟得上時局的變化和時代的進步，加上多方面的配合，才能立於不敗之地。

戰國時洛陽人蘇秦，年輕時曾師從智者鬼谷子，學習辯術與謀略。學成之後，便周遊列國，希望有朝一日，他的治國謀略能獲得君王們的接納。

秦國是西方的大國，雖然憑藉著有利的地理環境，發展農桑耕織，國力逐漸強盛，但在當時看來，實力還不能與其他大國抗衡。

蘇秦來到秦國，想要說動秦王與函谷關以東的國家聯合，因爲，聯盟可以增強勢力，與其他大國家一較高低，稱爲「連橫」之計。

但是，秦惠王認爲時機未到，並沒有聽取他的建議，他說：「我們秦國現在就像一隻羽毛還沒生長完全的小鳥，想要一下子展翅高飛，那是不行的。先生你千里迢迢來到這裡開導我，我很感激，至於稱霸爭帝的事，我希望等以後的適當時機來時，再聆聽你的高見。」

在秦國耗費了所有資財，上書十多次，但仍未能說動秦王，蘇秦無奈，只得摸摸鼻子離開秦國回家。

此時的蘇秦，其實也猶如羽毛未豐的小鳥，尚無法振翅高飛於動盪的政治舞台。拖著疲憊的身子和受傷的心回到家裡，家裡人不但不體諒他，還反唇相譏，令蘇秦既難過又難堪。蘇秦歎息道：「妻子不把我當丈夫，父母不把我當兒子，嫂子不當我是小叔，我落得今天的地步，都是秦國的罪過啊！」

蘇秦從此更深入學習，發憤鑽研，立誓要讓天下的君王拿出金銀珍寶、騰出丞相的位置來招聘他。

一年以後，他自信可以說動天下的君王，也相信，擺在他面前的會是燦爛光輝的未來，於是前去謁見趙王，遊說六國聯合對抗西方秦國。

趙王聽了他對時局的分析，覺得十分有理，立即封他爲武安君，賜給他丞相的相印和無數珍寶。從此，蘇秦開始了他令後人刮目相看的政治生涯。

看人用人厚黑智謀

唯有自己不斷地充實，才有可能跟得上時局的變化和時代的進步，加上多方面的配合，才能立於不敗之地。

蘇秦初出茅廬，意氣正盛，認爲自己已經有了獨當一面的能力，但是仍沒有辦法取得秦惠王的支持。問題就出在於他的經驗不足，未能審時度勢，時機不恰當，即使是再好的謀略，也無用武之地。

爾後，他重新積極地充實自己，將不足之處徹底彌補，不斷修正自己的論點直至毫無破綻，當然能輕易地說服趙王。

蘇秦積極遊說六國聯合抗秦的「合縱」策略，來自於當年以「連橫」遊說秦王失敗所受的刺激，最後身佩六國相印，使秦國十五年無法踏出函谷關，恐怕是秦惠王始料未及的結果。

想要掩飾真相，只會欲蓋彌彰

說一個謊，就得說一千個謊去圓謊、去遮掩。然而越費事去遮掩，顯露出來的不自然態度，反而更加地啟人疑竇。

崔杼是春秋時齊國的大夫，位高權大，掌握著齊國的軍政大權。棠公是齊國棠邑的大夫。棠公死後，崔杼前去弔唁，一見棠公的妻子棠姜是個絕色美人，被深深地迷住了，便不顧衆人的勸阻，強娶了棠姜。

齊國國君莊公，也是個好色之徒，明知崔杼已娶了棠姜，卻暗中與棠姜私通，事情被崔杼知道了，非常氣憤，便謊稱自己有病，每天待在家不上朝。

不久，莊公藉探視崔杼的機會來看棠姜，於是崔杼就趁機設計陷阱把莊公殺了。莊公一死，崔杼立刻冊立景公爲齊國國君，自己則做了丞相。

齊國負責撰寫國史的官員是個正直的人，儘管崔杼曾多次暗示，要他筆下留情將此事模糊搪塞過去，但是，史官卻以一個歷史家的耿直不阿，堅持如實記述，寫道：「崔杼弒君。」

殺掉自己國家的君主，乃是十惡不赦之罪，爲萬人所不齒。崔杼看過後自然感到十分氣惱，心想：「既然你不能網開一面，那我豈能給你生路？」一怒之下，就把那名史官殺了。

誰知繼任的史官個性不改，仍秉筆直書。

崔杼又想：「既然殺一個還不足以堵住你們的嘴，我又何妨再殺一個，看你們怕不怕！」於是，崔杼就又殺了史官。接著，他又爲此殺了第三任史官。

到了第四任史官，仍堅持原則，不爲所動。崔杼沒辦法，只好放棄。

看人用人厚黑智謀

美國人際關係大師漢克．威廉斯曾經奉勸那些控制不了自己的慾念，急於冒出頭的人：「地獄其實就是你自己，當你完全無視客觀環境的變化，滿腦子只想著自己的需求，你這時的處境便是地獄。」

故事中的崔杼就是這樣滿腦子只想著自己需求的人，敢做不敢當，既要裡子，又要面子。

無論崔杼如何想把自己的醜事掩飾過去，但卻因一連殺了多名史官，而適得其反，將罪惡暴露得更明顯，這眞是「欲蓋彌彰」。

說一個謊，就得說一千個謊去圓謊、去遮掩。然而越費事去遮掩，顯露出來的不自然態度，反而更加地啓人疑竇。一旦罪證確鑿，又如何能杜絕攸攸之口呢？

崔杼弒君的行徑，罪行已不容赦，只因他位高權重，無人敢起而抗爭。但史官記史，秉實記錄是他們的工作與責任，縱使史官殺得盡，然而事實俱在，卻是永遠抹滅不了的。

言而無信，說話就不會有人相信

偽善是小人最常見的面貌，恭維與承諾則是他們最常使用的武器，言而無信則是他們一貫的行徑。

春秋初，晉國吞併了附近一些小國，成爲大國。晉獻公繼位後，一共當了二十多年國君，年老時寵愛妃子驪姬。

驪姬是個很有心機的女人，一心想讓自己的兒子奚齊當太子，將來好繼任爲國君。但是，當時獻公已有申生、夷吾、重耳等八個兒子，其中申生更是早就立爲太子，於是驪姬想辦法要先陷害申生。

一次，她假傳獻公的意思，叫申生去祭祀亡母，祭祀後，將供品拿回來獻給父親，由於她事先在供品中加了毒藥，因此當申生將供品拿回給獻公食用的時候，她便勸獻公讓狗兒先嚐。

沒想到，狗兒一吃馬上死去，獻公勃然大怒，下令左右將申生抓起來。

申生知道遭到驪姬惡意陷害，心想如果此時向父親辯白，受到寵愛的驪姬必定不會受到懷疑；即使真令驪姬獲罪，那麼間接地也傷了父親的心；如果出逃，則等於承認自己犯了謀殺君父之罪。於是，他只得自殺，以示清白。

驪姬誣陷申生毒害父親，害死了申生後，又誣陷重耳、夷吾二人與申生同謀。結果，逼得這兩位公子不得不逃亡國外。

後來獻公病重，終於冊立奚齊爲太子，將他託付給大夫荀息。等獻公去世，年僅十五歲的奚齊便當上了國君。

大夫里克和丕鄭知道驪姬所作所爲，打算暗中迎回重耳繼任爲國君，但是荀息堅決不同意，於是他們暗中派人刺死了奚齊。奚齊雖死，但驪姬並不就此罷休，又威脅讓荀息輔佐她妹妹的兒子卓子當國君，這時卓子還不足三歲。

里克和丕鄭一不做，二不休，帶兵衝上朝堂，將卓子、荀息當場殺死，並將驪姬押到市場上鞭打至死。

接著，他們派七人去迎接重耳回國當政。但重耳認爲自己背著君父出逃，父親死亡時自己又沒有盡到孝心，有失國人期望，所以猶豫不決。

朝中另有人提出請公子夷吾回國繼位。逃亡在梁國的夷吾得知後大喜，但他的隨臣冀芮提醒他，要回國非得借秦國的軍隊幫助不可。於是，夷吾派冀芮出使秦國，以割讓晉國五座城池爲代價，換取秦穆公出兵支持，然後在秦國的護送下回晉國繼位，史稱晉惠公。

爲了籠絡大臣里克，夷吾在回國前就捎信給他，表示繼位後將賜給他封地。但是夷吾一繼位，馬上就自食賜給里克封地的諾言，對他的權位大加貶抑，更怕他日後反叛擁立重耳，於是決定殺了他。

夷吾派冀芮去向里克傳達命令：「沒有你，我不能當國君，但是，你殺了兩位國君、一位大夫，我再當你的國君，不是太難了嗎？」

冀芮傳達了夷吾的話，里克一聽就明白，悲憤地說：「我的確殺了國君與大夫，但不把他們廢了，主公您怎麼能當上國君？欲加之罪，何患無辭呢？君要臣死，臣不敢不死，事到如今，我就聽從國君的命令吧。」

說罷，里克拔劍自殺而死。

看人用人厚黑智謀

夷吾與重耳同時受到驪姬的迫害，不得不出亡他國，但是夷吾回國即位之後，就過河拆橋，不只逼死擁立有功的里克，還派人暗殺重耳，而且對於大力資助他回國的秦穆公也照樣食言而肥。

所以，後來他與秦軍交戰落敗被俘，國中無人同情，反而迎接重耳回國即位。

夷吾言而無信，落得衆叛親離的下場，足見忘恩負義的人必無好結果。

僞善是小人最常見的面貌，恭維與承諾則是他們最常使用的武器，言而無信則是他們一貫的行徑，因爲，虛情假意最能模糊別人的視聽，也最能掩飾自己的卑劣的動機，而背信忘義則是爲了保住自己的既得利益。

現實生活中，吃了小人的暗虧，上當過一次之後，就要懂得小心提防這些騙人伎倆，千萬別再受到第二次欺騙。

PART 12

腦袋空空，
就難免被玩弄

如果不想被他們牽著鼻子走，
就不能單單靠著表面現象就去評斷事物，
更不能根據外表和言詞去論斷一個人。

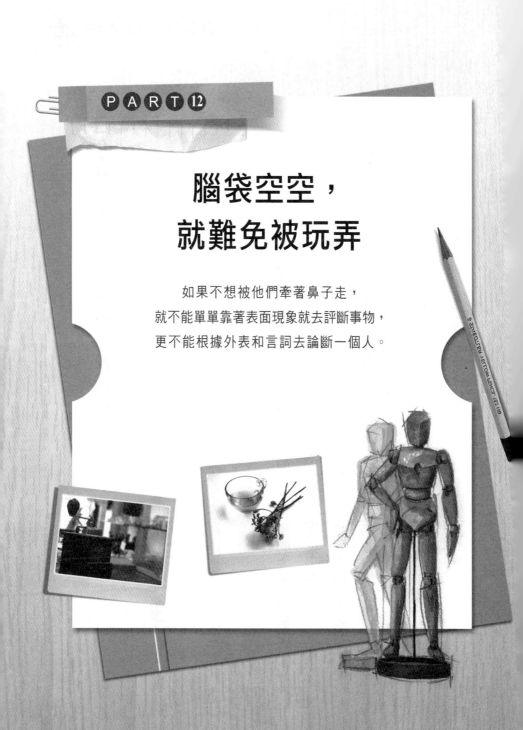

過度忍辱，只會自取其辱

儘管孔子不齒南子的作風，但是想要將儒學的思想，在衛國有所發揮，那麼人在屋簷下，是如何也不得不低頭了。

春秋時期，衛國的國君衛靈公昏庸無能，不理朝政，國家的大權全控制在他的妻子南子手裡。由於南子作風輕浮，行爲不太檢點，因此名聲很不好。

西元前四九四年，孔子在周遊列國的途中，帶著子路、顏回等學生，來到了衛國。衛靈公知道孔子是個大學問家，對他很客氣，甚至開玩笑似的說要和孔子結成兄弟。孔子以爲衛靈公很賞識自己，即將受到重用，也很高興。

南子知道孔子名聲很大，就派人去對孔子說：「要和衛國國君結爲兄弟的人，一定要拜見我，我希望能見見你。」

於是，孔子到宮中去見南子。但是，南子在接見孔子時，故意只隔開一層薄薄的紗簾，又把衣服上裝飾的玉佩珠串弄得叮叮噹噹作響，意圖向孔子賣弄風騷，惹得孔子尷尬極了。

這件事讓孔子的學生子路知道了，氣呼呼地埋怨老師不該和這種輕佻的女人見面，認為這樣有失老師的尊嚴。

孔子急得對天發誓說：「我之所以去見南子，是因爲她掌握著衛國的實權。我是去向她宣傳我的政治主張的。如果我向你說謊，老天爺會懲罰我的呀！」

有一天，衛靈公和南子乘著一輛非常華麗的車子出遊，並由一名太監雍渠陪著，讓孔子坐在第二輛車中。衛靈公得意揚揚地在鬧市兜了幾圈，故意顯示自己的威風，而南子則在車中向衛靈公搔首弄姿，醜態百出。

事後，孔子生氣地說：「衛靈公不是一個想把國家治理好的明君，他只不過是一個好色之徒罷了。」

孔子在衛國住了一個多月，見衛靈公始終沒有重用他的意思，便氣憤地帶著學生們離開了衛國。

小不忍，則亂大謀，儘管孔子與子路同樣不齒南子的作風，但是南子確實把持著衛國的朝政，使得孔子認為想要將儒學的思想，在衛國有所發揮，那麼人在屋簷下，是如何也不得不低頭了。

可是，衛靈公接待孔子師徒，只不過是為了求得禮賢重士的名聲，並不是眞的想以儒家的仁義思想來治國，所以孔子百般隱忍，卻無所獲，反而悶了一肚子氣。

戴爾·卡耐基在《人性的弱點》裡說道：「人性中最深切的一種特質，就是內心那股受人賞識的渴望。」

不管是什麼樣的人，都希望自己能夠受人推崇，能夠受人器重，就連被稱為聖人的孔子也不例外。就是因為孔子無法戰勝這個人性弱點，所以才會因為過度忍辱而自取其辱。

用謙虛的心態招攬人才

在現代社會中，「禮賢下士」仍是在上位者對待賢才所應抱持的態度，如此才能招攬許多好人才，集眾人之力必然能獲得更好的成果。

輔佐齊王稱霸的孟嘗君，出行到了楚國，楚王獻上珍貴的象床以示敬意。負責送象床的人叫登徒，心裡並不高興這個差事，就去拜訪孟嘗君的賓客公孫戍，希望公孫戍想想辦法，好讓自己能免除這一件差事，並表示事成後願以祖傳的寶劍作爲報酬。公孫戍一口答應了下來，之後便去參見孟嘗君，問道：「您接受了楚國的象床嗎？」

孟嘗君點點頭。

公孫戍說：「希望您不要接受。」

孟嘗君詫異地問道：「為什麼？」

公孫戍說：「好幾個國家都讓您執掌相印，是因您振興了齊國，也是因為喜歡您做事的方式和清廉的作風，現在您接受楚國的寶物象床，那麼您還沒去過的那些國家，他們又該如何接待您呢？所以我懇請您別接受。」

「好吧！」孟嘗君終於讓他說動了。

公孫戍見事已成，便快步離開。還沒走到第二道門，孟嘗君便召他回來，問他說：「你教我不接受象床的意思很好。那麼你現在這麼急得趕路，把腳抬得很高，臉上神采飛揚，又是為了什麼呢？」

公孫戍說：「因為我有三件喜事，外加一柄寶劍。」

孟嘗君笑一笑說：「說出來聽聽。」

公孫戍說：「您的那麼多門客都不來勸您，我來了，這是一喜；我的意見您聽取了，這是二喜；我的意見糾正了您的過失，這是三喜。運送象床的人不喜歡這個差事，事成之後許贈一柄寶劍，我也可以拿到手了。」

孟嘗君聽完，不禁又好氣又好笑，說道：「那你快去吧。」

當天，孟嘗君便命人在門前貼了這麼個告示：「有能傳頌我孟嘗君大名，使我免犯過失，在外面還能獲得寶物的人，請進來談談你的建議。」

看人用人厚黑智謀

法國哲學家盧梭在《愛彌爾》裡寫道：「**對別人表示關心和善意，比任何禮物都有效，比任何禮物對別人還要有更大的利益。**」

這番話運用在部屬與上司的關係之中，也相當適用。

孟嘗君以「養士」著名，擁有食客三千人。因為他廣納人才又厚待賓客，方能在兵荒馬亂的年代中培養勢力，脫穎而出。

由於孟嘗君心胸寬闊，樂於聽取賓客的建議，所以能厚植實力、晉升爵位。在現代社會中，「禮賢下士」仍是在上位者對待賢才所應抱持的態度，如此才能招攬許多好人才，集眾人之力必然能獲得更好的成果。

腦袋空空，就難免被玩弄

如果不想被他們牽著鼻子走，就不能單單靠著表面現象就去評斷事物，更不能根據外表和言詞去論斷一個人。

秦始皇死後，擔任中車府令（掌管皇帝車馬）的宦官趙高，和秦始皇的小兒子胡亥串通，威脅丞相李斯僞造遺詔，由胡亥繼位，史稱秦二世。

趙高立了大功，被秦二世封爲郎中令，成爲二世最親近的高官，但他的職位仍在李斯之下，令他心有不甘，後來他便設計害死李斯，當上丞相。

然而他的野心很大，這樣仍嫌不夠，還想當皇帝。

一天，他把一隻梅花鹿牽到朝堂上，指著牠對秦二世說：「這是臣剛尋找到的一匹駿馬，特地帶來獻給陛下。」

秦二世見趙高把鹿說成是馬，不禁笑出聲來說：「丞相糊塗了嗎？這明明是鹿，你卻說牠是馬。」

趙高臉不改色地說：「陛下，這是馬不是鹿，不信可問問大臣們，牠究竟是馬還是鹿？」說罷，他用威嚇的眼光掃視眾大臣。

秦二世便讓大臣都來瞧瞧究竟牠是什麼。只見大臣們期期艾艾，有的默不出聲，有的爲了討好趙高，順著他說這是馬；也有的人不願說假話，不承認趙高說法，指出牠是鹿。

事後，趙高暗中對不承認是馬的大臣全部加以迫害，大興冤獄。此後，大臣們對他更畏懼了，對趙高攬握朝政的行徑均不敢作聲。

看人用人厚黑智謀

英國有句諺語說：「最乾淨的手套，往往掩藏著一雙最骯髒的手。」

像秦二世這樣腦袋空空的人，最容易被旁人操弄、玩弄。

現實生活中諸如趙高這樣的貌忠心奸的人很多，如果你不想被他們牽著鼻子走，就得放聰明點，不能單單靠著表面現象就去評斷事物，更不能根據外表和言詞去論斷一個人。

趙高指鹿爲馬、顚倒黑白，刻意歪曲事實的行徑，竟有人加以附和，所謂三人成虎，胡亥在衆言鑠鑠的情況下，不禁懷疑自己是錯的而趙高是對的。少數敢與之爭辯的忠貞之士，都被趙高視爲反逆除去，從此朝中不再有人敢反抗，完完全全爲他所操控。

「指鹿爲馬」，歷史上佞臣賊子多善此道，君王如果不能明辨是非而受其蒙蔽，忠臣良相因此而受害將不計其數。即使到了現代，高官權貴意圖隻手遮天，也時有所聞，所以在上掌政者非得把持住自己的原則不可。尤其是身爲執法者，更要明鏡高懸，才能眞正伸張正義。

實戰經驗勝過兵書萬卷

在紙面上談論用兵，怎麼樣都與實際狀況有所差異，一旦實際去操作，會發現不少未曾想過的問題。

戰國時，趙國大將趙奢的兒子趙括，從小便熟讀兵書，因此只要一談到怎樣用兵，他便會引經據典，說得頭頭是道。眾人都覺得他是個大將之才，但是，他的父親趙奢卻始終不承認兒子精通兵法，善於用兵。

他甚至說：「我的兒子將來要是不做趙國的將軍，那倒是趙國的福氣，萬一讓他當上趙國的將軍，那他一定是個敗軍之將。因為他從沒上過戰場，只會『紙上談兵』，一旦真的領兵打仗，絕對會出問題！」

知子莫若父，趙奢對兒子的看法十分正確。秦昭王四十七年，秦王派大將王齕攻打趙國的上黨，趙國大將廉頗奉趙王之命率兵二十萬救援。他採取固守政策，堅守長平，和秦軍相持不下了四個多月，秦軍仍沒能攻下長平。

於是，秦王採用宰相范雎的離間計，派人到趙國去散佈謠言說：「秦兵所懼怕的，只有趙括一個人。廉頗是個無能之輩，再過些日子，他就要投降了。」

趙王聽信了謠言，便派趙括去代替廉頗領兵。

趙王召來趙括，問他說：「你能擊敗秦軍，為國爭光嗎？」

趙括大言不慚地說：「要是碰上秦國名將白起，那我還得考慮一下對付的辦法，現在是王齕領兵，我一定把他打得落花流水。」

於是，趙括在接掌廉頗兵權以後，立即改變固守的策略，不久就被秦兵圍困。這時，秦王悄悄改派白起為主將，而以王齕為副將。

結果，白起大敗趙括，趙軍四十萬人馬被俘後全被活埋，而善於「紙上談兵」的趙括也在突圍時中箭身亡。

這次戰役，就是歷史上有名的「長平之戰」，趙國不僅在這次戰役中損失了四十萬軍馬，更重要的是從此國力一蹶不振，再也無法和秦國抗衡了。

趙括雖然熟讀兵書，但是一點實戰經驗也沒有，嘴巴上說得頭頭是道，可是眞讓他帶兵打起仗來，功力幾分立見分曉。長平一役，是春秋戰國時代最爲慘烈的戰役，原因就出在趙括不能辨明局勢，結果被敵人誘騙中計，四十萬大軍反遭重重包圍，無路可逃，趙國因此衰弱不振。

光會在紙面上談論用兵，怎麼樣都與實際狀況有所差異，一旦實際去操作，也許會發現不少未曾想過的問題，如果不能隨機應變，便很容易慌了手腳，反而讓敵人有機可趁。

有功勞，當然要讓別人知道

做了好事，你當然可以不求回報，不過，最起碼這份功勞一定要讓對方知道，否則下一個死得不明不白的「伯仁」，恐怕就會是你。

西元三一七年，西晉滅亡以後，晉元帝司馬睿在群臣的擁立下，在建康（今江蘇南京）建立了東晉王朝。司馬睿稱帝後，封賞有功之臣，王導和王敦兄弟倆、劉隗、刁協、周顗等人都得到晉升。

周顗，字伯仁，起先被任命為荊州刺史，幾年後升任尚書左僕射。由於他非常喜歡喝酒，經常喝得酩酊大醉，甚至三日不醒，因此人們都叫他「三日僕射」。

不久，被封為大將軍的王敦因不滿司馬睿壓制王氏家族勢力，遂以誅殺劉隗為名義，起兵攻打建康。

當時，王導在朝中任司空的重要職務，聽說王敦起兵反叛，怕遭牽連，就先進宮請罪。他在宮門口碰到周顗，請他代為在元帝前說情，周顗沒有吭聲就進了宮。

周顗進宮後，對晉元帝說，王敦謀反王導並不知情，而且王導一向忠誠，所以不應罪及王導。晉元帝聽了，認為周顗說得有理，就採納了他的意見。但是，當時朝中主張殺王導的人不少，周顗又上了一道奏章，為王導辯護，言詞十分懇切。

但這一切王導並不知道，以為周顗狠心不肯幫他的忙，心中極為憤恨。

後來，王敦率軍逼近建康。晉元帝派劉隗、刁協、周顗領兵抵禦。結果，劉隗兵敗逃走，王敦攻進建康，殺了刁協，並逼晉元帝拜他為丞相。

王敦做了丞相以後，心中很忌憚周顗，屢次想殺掉他，但他知道王導和周顗交情不錯，便問王導說：「你看周顗這個人怎樣處置？」

王導想起他請周顗在元帝面前說情，而周顗卻不吭聲的情景，便不置可否。王敦見此情景，便下令把周顗殺了。

後來，王導知道了周顗當時曾在元帝前力保他忠誠，並上奏章為他辯護的事，不由得十分後悔地說：「伯仁雖然不是我殺的，但他的死我是有責任的呀！」

朋友之間，牽連上了是非對錯，有時因爲人情世故的關係，的確很難做出正確的判斷；幫與不幫，更是難以抉擇，還有可能遭殺身之禍。

周顗雖然對王導的請求不置可否，但到了皇帝面前卻主動爲王導說情，然而這一切王導均一無所知，只道周顗不顧朋友情義，見死不救。「我不殺伯仁，伯仁卻爲我而死」，王導即使後悔也來不及了。

周顗的死，雖然披露了王導、王敦兄弟心胸狹隘、冷血無情的一面，但是，周顗遇事之時態度不明確，不也是招來殺身之禍的另一個原因？

做了好事，你當然可以不求回報，不過，最起碼這份功勞一定要讓對方知道，否則下一個死得不明不白的「伯仁」，恐怕就會是你。

用人不當，無疑自取滅亡

楊國忠倚仗權勢，極力打壓異己，更驕奢淫逸，在他們歡欣嬉戲中，國家已經一步一步地走向敗亡。

唐玄宗李隆基年輕時是一個很有作爲的皇帝，任用姚崇、宋璟爲丞相，整頓弊政，社會經濟得到重大發展，歷史上稱爲「開元盛世」。

但是，唐玄宗晚年任用李林甫爲相，政治漸漸開始腐敗。天寶四年，西元七四五年，他封楊玉環爲貴妃，縱情聲色，奢侈荒淫，朝政更加腐敗不堪。

楊貴妃有個堂兄叫楊釗。由於楊貴妃得寵，楊釗也跟著雞犬升天，平步青雲，不但做了御史，唐玄宗還賜名「國忠」。不久，李林甫死了，唐玄宗便任命楊國忠做丞相，把朝廷政事全權交給他來處理。

一時之間，楊家兄妹權勢震天，他們結黨營私，把整個朝廷搞得烏煙瘴氣，以致不久以後就爆發了安祿山、史思明的叛亂，史稱「安史之亂」。

可是當時，楊家兄妹仍過著窮奢極慾的生活。

西元七五三年三月三日，楊貴妃等到曲江江邊遊春野宴，轟動一時。詩人杜甫對楊家兄妹這種只顧自已享樂，不管人民死活的行爲極爲憤慨，寫出了著名的《儷人行》一詩，深刻諷刺了楊家兄妹生活的奢侈和權勢的顯赫。

「炙手可熱勢絕倫，愼莫近前丞相嗔」，便是詩中的一句。這一句詩的意思是：楊家位高權重，勢焰灼人，沒有人能與之相比，你千萬不要走近前去，以免惹得丞相發怒生氣。

楊國忠憑妹而貴，一時氣焰高張，以權勢之手在朝中翻雲覆雨，植黨營私，淫侈貪賄，唐代政治因此而日益衰敗。

美國管理學家德魯克曾經說過：「有效的管理者知道，他所使用的人，是用來幹事情的，而不是用來投自己所好的。」

想成為一個管人用人高手，應該牢記在心的原則是，切忌重用或信任那些專門阿諛奉承自己的人。

唐玄宗晚年就是犯了這個極為嚴重的錯誤，才會從盛世明君淪為安史之亂爆發時倉皇逃命的昏君。

楊國忠倚仗權勢，極力打壓異己，更驕奢淫逸，在他們歡欣嬉戲中，國家已經一步一步地走向敗亡。

唐玄宗用人不當，荒於政事，將開元之治所立下的根基漸漸腐蝕，一場安史之亂，成為唐代由盛而衰的分水嶺。

再怎麼信任，也要保留防人之心

忘記敵人對自己的威脅，輕易地放鬆了戒心，彷彿面臨深淵而不自知，實在危險至極。

古時候，臨江地區（今江西省清江縣）有一個人外出打獵，捉到了一隻小麋鹿，心中十分高興，便把這小麋鹿帶回家中馴養。

這人平時愛好養狗，大大小小的狗養了好幾條。這些狗看到主人帶回一隻小麋鹿，個個伸長了舌頭，垂涎三尺，搖頭擺尾地竄了過來，想要吃掉牠。

主人十分生氣，對著那些狗大聲喝斥，把牠們趕得遠遠的。他心中想，如果讓小麋鹿和家中的狗交上朋友，這些狗就不會欺負牠，更不會吃掉牠了。

於是，他天天抱著小麋鹿去和家中的狗接近，讓狗和小麋鹿一起戲耍，但不准狗欺負小麋鹿。

狗通人性，過了一段時間，狗知道主人的意思，要保護小麋鹿。牠們雖然嘴很饞，但怕主人責怪，只好把口水嚥下去。

過了一段時間，小麋鹿看到這些狗對自己都很友好，便也把這些狗當成了自己的朋友，有時頑皮地用頭去撞撞狗的身體，有時在狗的身邊玩樂打滾。牠和主人養的幾條狗之間的關係越來越親熱，越來越隨便了。

過了三年，小麋鹿長成了大麋鹿，膽子也越來越大了。一天，牠獨自走出家門去玩，看到路上有幾條狗在互相打鬧，以爲這些狗也和家裡的狗一樣會對自己很友好，便奔過去和牠們一起玩耍。

這些狗見了一擁而上，你咬頭，牠咬腳，不多一會兒，路上一片狼藉，只剩下麋鹿的屍骸了。這隻麋鹿一直到死，都沒弄明白自己是怎麼死的。

印度作家普列姆昌德曾經說過：「人的天性既非全黑，亦非全白，而是這兩種顏色的混合體。」

人性是無比複雜而又時時刻刻變動的，每個人都有良善的一面，也有邪惡的一面，只是所佔比率多寡而已。

其實，人性中的善與惡時時刻刻處於鬥爭狀態。

因此，忘記敵人對自己的威脅，因爲友好而輕易地放鬆了戒心，彷彿面臨深淵而不自知，實在危險至極。

社會上有些作惡之人，並不一定有著兇神惡煞的外貌，很可能和顏悅色地假意與你交好，博取你的信任，再對失去防心的你施以嚴重打擊。

「害人之心不可有，防人之心不可無」是不變的對策，保持機警，臨危不亂，才能保護自己不受傷害。

不能力敵，就要設法智取

劉琨運用心理戰術，趁夜吹奏胡茄蕭聲，使得圍城胡兵思鄉心切，甚至棄械逃回，頗有張良四面楚歌之計的影子。

劉琨是西晉末年魏昌人，不僅武藝精通，而且很有抱負。有一次，他聽說朋友祖逖被朝廷任命官職，就給親屬寫信說：「我每天都是枕著兵器躺在床上，隨時想著殺敵報國。可惜祖逖已經比我快一步，先去建功立業了。」

後來，劉琨當上并州刺史。有一年晉陽災荒嚴重，賊寇乘機猖狂起來，動刀搶掠，百姓叫苦連天。劉琨便率領一千人，親自前去追剿，平定了盜匪。事後，他勸百姓種地，還派兵保護他們。

有一次，北方騎兵包圍了晉陽城，由於城內兵力甚少，寡不敵眾，劉琨想出一個辦法。入夜之後，他悄悄登上城樓，吹起簫來，那曲調悽悽慘慘，如泣如訴，城外的士兵聽了無不悲傷。半夜，他則吹起胡笳，樂聲使士兵想起家鄉，懷念親人，流下眼淚。天快亮時，劉琨又再度吹起了蕭，圍城的士兵再也忍不住了，紛紛騎馬回奔。

看人用人厚黑智謀

劉琨運用心理戰術，趁夜吹奏胡茄蕭聲，使得圍城胡兵思鄉心切，甚至棄械逃回，頗有張良四面楚歌之計的影子。

軍將在外，離鄉背景、兵馬倥傯的生涯，艱苦至極，是以當聽到自己家鄉胡音，一時情緒感染，難以自抑，便無心再戰了。

《孫子兵法》有云：「用兵之道，攻心為上，攻城為下，心戰為上，兵戰為下」，說的正是這個道理。

不要當個不知變通的糊塗蟲

使用工具的目的是要讓我們更便利地處理事情，如果反倒因此受限於現有的工具時，可就本末倒置了。

鄭國有個人想買一雙鞋，就拿了根草繩依自己腳的大小剪了一段，作爲尺寸度量，放在凳子上。但他到了集市上找到鞋舖，這才想起忘了帶尺碼。

店主一見他要買鞋，當即拿出一雙，要他試穿。

可是他卻說：「不行不行，我忘了帶尺碼，怎能買鞋？我得回去拿！」

說完，轉身便往家裡跑。回家一看，尺碼果然放在凳上，於是急急拿起草繩，又返身往集市趕去。

到了集市才發現集市早已散了，鞋舖子也已關門了，他感到十分氣惱，捶胸頓足，連連怪自己太糊塗，以致誤了買鞋。

路人見狀，只覺十分好笑，問道：「你是給誰買鞋呀？」

「我自己。」

「那你爲什麼不用自己的腳去試鞋，非得要回去取什麼尺碼呢？」

看人用人厚黑智謀

量腳的尺碼竟然會勝過自己貨眞價實的腳丫，鄭人如此冥頑不靈，愚昧不知變通，當然買不成鞋了。

「工欲善其事，必先利其器」，的確沒錯，但是使用工具的目的是要讓我們更便利地處理事情，如果反倒因此受限於現有的工具時，可就本末倒置了。

同樣的，理論也是工具，如果拘泥執著於理論而不能辨明事實，融會貫通，豈非捨本逐末，弄巧成拙？

PART 13

不要為了小事，而引狼入室

雖然掃除了心腹大患，
對手卻藉此壯大聲勢，
局勢由兩相抗衡轉變成敵強我弱，
真是所謂「以小失大」。

針對敵人的特質施展戰術

在這個彼此算計的年代，如果你不懂得用狡詐來「屈人之兵」，說好聽一點的是「老實」，說難聽一點的就是「蠢蛋」。

東漢初年，光武帝劉秀雖然已經取得政權，光復漢室。但當時天下並沒有統一，除了光武帝外，東方皇帝劉永，蜀中皇帝公孫述，燕王彭寵，齊王張步，五郡大將軍竇融，西州大將軍隗囂等均各擁有重兵、占據州郡，打算要和光武帝爭奪天下。有些表面上表示臣服，但仍保留實力，伺機而動。

光武帝胸懷大志，決心要統一全國，於是網羅人才，爭取民心，發揮他善於用人、用兵的才能。把劉永、李憲、盧芳、彭寵、張步、董憲等一個個消滅掉。

接著，五郡大將軍竇融審時度勢，決定歸附了光武帝。這樣，最後只剩下西州大將軍隗囂和占據蜀中的公孫述了。

不久，光武帝派使者來歙去見隗囂，勸他臣服，隗囂見光武帝兵勢強盛，心中雖不樂意，表面上只得答應，而且把自己的大兒子隗恂打發到洛陽，去做光武帝的內侍，實際上是做爲人質。

建武六年，西元三〇年，光武帝平定了中原，環顧天下形勢，因爲有隗囂的大兒子在京城做內侍，隗囂已不足爲患，而公孫述又遠在西南邊陲，天下大局已定，便在和衆將議論：「隗囂和公孫述這兩個人，已經沒有力量阻擋我統一全國了，我可以不把他倆放在心上了！」

過了幾年，光武帝出兵征伐隗囂和公孫述，把這兩股割據勢力全部消滅，整個中國再度統一。

看人用人厚黑智謀

劉秀爲求統一江山，可說用盡了智謀，由於敵人的屬性特質不一，所以要採用不同的方式來處理。

隗囂所占之地，靠近劉秀勢力的中心地帶，儼然形成心腹大患，一旦硬拼損傷較巨，即使得勝也不免元氣大傷，而公孫述也在西境虎視眈眈，權衡之下，不見得有利。所以，劉秀以其優勢勸降，威脅隗囂以子為質。隗囂被掐住了弱點，不得不就範。劉秀再以隗囂之力牽制公孫述，如此兩地之力相互抗衡，等到劉秀收編了所有零散勢力，地位日漸穩固之後，隗囂與公孫述即便有意反抗，也不足為懼了。

《孫子兵法．謀攻篇》有云：「百戰百勝，非善之善者也，不戰而屈人之兵，善之善者也。」

其實，在這個每個人都在彼此算計的年代，不能以武力征服的，靠謀略卻每每制勝，因此，如果你不懂得用狡詐來「屈人之兵」，說好聽一點的是「老實」，說難聽一點的就是「蠢蛋」。

不敢動手，就會把機會讓給對手

競爭的致勝之道是，比競爭對手動作更快，而不是努力築起城牆堡壘來防堵對手入侵。不敢動手，就等於把機會讓給對手。

蒯通原是齊王韓信身邊的謀士，他見當時韓信的力量逐漸強大，幾乎可與劉邦抗衡，便勸韓信背叛劉邦，自己去爭奪天下，可是韓信一直沒有把他的建議放在心上。後來，劉邦打敗了項羽，卻用計將韓信抓住，以謀反的罪名要殺他。

臨刑之前韓信歎息說：「我不聽蒯通的話，才有今天的下場！」

劉邦於是下令抓來蒯通，要治他死罪，並對他說：「你教韓信反叛我，我今天就殺死你，看你還有何話可說！」

豈料，蒯通面無懼色，十分鎮靜地說：「那時候我只知道爲韓信著想，並不知道有你呀！再說，秦朝失鹿，天下人都能來競逐，誰有本事，誰先得到。與你爭天下的人，如果因爲力量不夠而失敗，那麼你盡可以殺光他們！」

劉邦聽了蒯通的這一番話，頗爲佩服他的勇氣，便赦免了他的死罪。

看人用人厚黑智謀

競爭的致勝之道是：比競爭對手動作更快，而不是努力築起城牆堡壘來防堵對手入侵。不敢動手，就等於把機會讓給對手。

適逢亂世，英雄群起，的確人人都有機會，有爲者奪得天下。韓信的崛起確實令人刮目相看，難怪蒯通對他寄予厚望，希望韓信自立爲王，與劉邦抗衡。

韓信雖然對於自己的將才頗有信心，但是心裡仍顧忌劉邦，猶豫不決，不敢輕易動手。是以後來劉邦翦除異姓諸侯時，首當其衝，最後被構陷謀反，趁機除去。

蒯通雖然被抓，但他仍鎮靜自若，成王敗寇，既然韓信未能成事，受到懲罰，淪爲階下囚也是理所當然，沒有什麼好抱怨的。

不要為了小事而引狼入室

雖然掃除了心腹大患，對手卻藉此壯大聲勢，局勢由兩相抗衡轉變成敵強我弱，真是所謂「以小失大」。

唐朝末年，唐僖宗勢力衰微，已經無法控制全國的局勢。各地的節度使（即地方上最高軍政長官）紛紛形成一個個割據勢力，彼此勾心鬥角，爭城奪地，無非是想吞併對方。

當時，魏博節度使羅紹威佔據著魏州等六個州郡，實力不算小，但是仍整日憂心忡忡。因爲，他手下有一支經常不聽指揮，卻又非常驃悍驕橫的衛隊，他深怕有朝一日，衛隊會起來造反。

他決心儘早除去這個隱憂，就派自己的親信臧廷范去見親家梁王朱全忠，希望朱全忠能協助他翦滅手下的衛隊。

朱全忠原名朱溫，是黃巢起義軍中的一名將領，後來叛變投降，反過來領兵鎮壓了黃巢，因此被唐僖宗封為宣武節度使，賜名全忠，不久又被封為梁王。

朱全忠接見了臧廷範，決定答應出兵幫助羅紹威消滅異己。這時，正巧朱全忠的女兒死了，朱全忠便以辦喪事為由，讓士兵將兵器藏在大小箱籠裡，一路大隊開拔到魏州，而羅紹威則把衛隊收放在倉庫中的武器及盔甲等破壞，再趁衛隊不備，裡外夾擊，將衛隊全部殲滅。

朱全忠幫助羅紹威翦滅衛隊之後，便把帶來的部隊駐紮在魏州，儼然成了魏州的主人。他以統帥的身分到處巡察，又以征討平亂的名義四處橫行，但是軍隊的糧餉卻要求羅紹威負責供給。

不消半年光景，羅紹威便殺掉了七十萬隻牛羊，供給了一百多萬兩餉銀，將魏州的積蓄全部用光。雖然羅紹威利用朱全忠消除了身邊的隱患，卻引狼入室，等於把魏州拱手讓給了朱全忠。

他因此非常後悔，歎息地說：「就是把魏博六州四十三縣的鐵聚在一塊兒，也鑄不成這樣大的銼（錯）刀呀！」

這裡的「錯」是雙關語，借用爲錯誤的「錯」，是指自己鑄成大錯。

看人用人厚黑智謀

羅紹威爲了翦除不一定會謀反的衛隊，未經深思熟慮就引來朱全忠這隻大狼，無疑是引狼入室，自取滅亡。

朱全忠雖爲他雖然掃除了心腹大患，卻藉此壯大聲勢，反將羅紹威所有的勢力收歸已有，無形中局勢由兩相抗衡轉變成敵強我弱，羅紹威算是賠了夫人又折兵了。可是大錯已然鑄成，即使想要後悔也來不及了，眞是所謂「因小失大」。

剛愎自用、處世浮躁的人，容易在無形之中犯下更多錯誤。

因此，身爲領導者想要採取動作之前，應該先克制自己習性上的弱點，才不會犯下一些不該犯的錯誤。

專橫跋扈只能威風一時

「跋扈將軍」連皇帝的生死都操之在手，難怪他的所作所為朝中都無人敢過問，可謂專橫跋扈至極。

東漢時期，有一個狂妄自大、兇悍蠻橫的將軍，名叫梁冀。他憑著自己的妹妹是漢順帝的皇后，得以擔任過黃門侍郎、虎賁中郎將、執金吾等職務。

漢順帝永和元年，梁冀被任命爲河南尹，上任以後，更是爲非作歹，貪贓枉法，以致於聲名狼藉。

梁冀的父親大將軍梁商有位老朋友呂放，身爲洛陽令，對梁冀的行爲很不放心。於是，呂放進京的時候，特意拜會了梁商，將梁冀的所作所爲全告訴了他。梁商聽了很是惱火，就把梁冀找來，嚴厲地訓斥了一頓。

梁冀因此對呂放懷恨在心，暗中派出刺客把呂放殺了。他又怕父親知道，遂藉追捕兇手爲名，將呂放宗族親友等一百多人全部冤殺，竟無人敢究責。

不久，梁商病死，漢順帝讓梁冀接任了他父親大將軍的職務。從此，梁冀間接地掌握了朝廷的軍政大權。

西元一四四年，漢順帝病死，漢沖帝即位。那時沖帝還是個二歲的幼兒，由梁太后代爲執政。然而，梁冀根本不把自己的妹妹放在眼裡，更加專橫跋扈。

只過了一年，沖帝便死了。梁冀爲了繼續操縱朝廷大權，便冊立當時只有八歲的劉纘做爲皇帝，便是漢質帝。

漢質帝雖然年幼，卻很聰明，對梁冀驕橫至極，目中無人的態度，心中著實不滿。一天，質帝當坐朝中，百官朝見完畢，他看著梁冀，怒斥說：「他可眞是個蠻橫無理的大將軍呀！」

梁冀聽了又氣又恨，不好當面發作，又害怕質帝日後會對自己不利，就指使爪牙把毒藥摻入湯餅中，將他毒死了。

接著，梁冀又立劉志爲漢桓帝，從此之後更加驕蠻兇橫，不可一世。他用各種卑劣手段掃除異己，前後共專權二十多年。最後，漢桓帝決心誅滅這個「跋扈將軍」，聯合宦官之力，逼梁冀自殺。

看人用人厚黑智謀

俄國作家克雷洛夫曾提醒我們說：「不要把痰吐在井裡，因為，哪天你口渴的時候，也要上井邊來喝水的。」

這番話提醒我們做人做事不要做得太絕，否則自己終將自食惡果。

像梁冀如此擅權之外戚，連皇帝的生死都操之在手，難怪他的所作所為朝中都無人敢過問，可謂專橫跋扈至極。

然而，風水輪流轉，受其操控的漢桓帝不甘成為傀儡，暗中集結反對梁冀的人士，加上宦官從旁協助，終於誅殺了這個「跋扈將軍」。

可惜，很快地，大權又旁落至宦官手中，皇帝仍是沒有實權。東漢在外戚與宦官交相爭權奪利，黨爭頻仍的景況下，朝政日益敗壞，終至滅亡。

貪圖安逸將消磨大志

無須再為政治奔波忙碌，過過平常人的生活也好。無形中，當初的雄才大志，確實被消磨了許多。

晉獻公去世，夷吾在秦穆公和齊桓公的幫助下做了國君，是爲晉惠公，他怕重耳回來爭奪王位，暗中派人去殺他。

於是，重耳又從狄國歷盡艱險，逃到了齊國。

齊桓公對重耳以及追隨他的子犯、趙衰、狐偃等人都十分優待，還把齊姜嫁給了重耳，送給他二十輛四匹馬拉的車。重耳在齊國一住七年，日子過得舒服極了，也漸漸不再想回國去了。

這時，齊桓公死了，齊孝公做了齊國國君，齊國國勢開始衰弱。子犯、趙衰、狐偃等一起來到桑園裡秘密商議，要想辦法讓重耳離開齊國。不料，正巧齊姜的一個小丫鬟在樹上採桑葉，把他們說的話全聽去了。

小丫鬟立即把這件事告訴了齊姜。齊姜是個女中豪傑，希望丈夫能創出一番大事業，害怕這丫鬟洩露了秘密，就把她殺了。

然後，她對重耳說：「公子，你有遠大的志向，我很高興。你走吧！男子漢大丈夫總得做一番事業，光是留戀妻子和貪圖安逸是沒有出息的！」

重耳聽了很驚訝地說：「可是我並不打算離開妳，離開齊國呀，我不走！」

齊姜聽了，知道重耳不想走，就和子犯他們商量了一個計策，用酒把重耳灌醉後，把他送出了齊國。

後來，重耳終於回到晉國，當上了晉國的國君，史稱晉文公。

看人用人厚黑智謀

重耳逃亡多年，生活困頓，一直到了齊國，才算是過著比較安穩的日子，或許無須再為政治奔波忙碌，過過平常人的生活也好。無形中，當初的雄才大志，確實被消磨了許多。然而，齊姜卻看出重耳已滿足於現狀，也知道他待在齊國終究無法成大事，而且總有一天，他會懊悔於目前所做的決定。於是，她幫著狐偃等人，將重耳送出齊國。

將心愛的丈夫推離自己的身邊，也許齊姜心中會有「悔教夫婿覓封侯」的寂寞，但是，丈夫心中若有鴻鵠之志，她又如何能以小情小愛故意牽絆呢？輔助丈夫的功業是古代女子對丈夫表達自己期盼最具體的行動。齊姜懂得顧全大局，所以也是重耳成功的一大助力。

提高名聲就是邁向成功的捷徑

真正的隱士，是不稀罕榮華富貴與高官顯祿的，用盡心機假裝歸隱，只是為了求得官職，行徑嘴臉令人不敢恭維。

唐代的時候，有位叫司馬承禎的人，在都城長安南邊的終南山裡住了幾十年。他替自己起了個別號叫白雲，表示自己要像白雲一樣的高尚和純潔。

唐玄宗知道了，要請他出來做官，卻都被他謝絕了。於是，唐玄宗替他蓋了一座講究的房子，叫他住在裡面抄寫校正《老子》這本書。

後來他完成了這項任務，到長安去見唐玄宗，見過玄宗後，他打算仍然回終南山去，偏巧碰見了也曾在終南山隱居，後來做了官的盧藏用。兩人聊了一會，盧藏用抬起手來指著終南山，開玩笑地對他說：「這裡面確實有無窮的樂趣呀！」

原來盧藏用早年求官不成，便故意跑到終南山去隱居。終南山靠近國都長安，在那裡隱居，容易讓皇帝知道自己的聲名，並請出來做官，不久，盧藏用果然達到目的。司馬承禎對他這樣的行為感到不齒，不禁諷刺說：「不錯，照我看來，那裡確實是做官的『捷徑』啊！」

看人用人厚黑智謀

眞正的隱士，是不稀罕榮華富貴與高官顯祿的，像盧藏用沽名釣譽、用盡心機假裝歸隱，只是為了求得官職，偏偏還沾沾自喜，行徑嘴臉令人不敢恭維。

司馬承禎是眞正想求歸隱，不甘自己高潔的心志，與盧藏用之流歸為一類，所以刻意出言諷刺。

追求名利，不一定是每個人的願望，盧藏用認為到終南山隱居之人，都與自己一般是想藉此提高自己的聲名，以求得官職，恐怕是以小人之心，度君子之腹了。

有好的想法，也要有恰當的做法

方法不恰當，出了差錯激起公憤，就很難達到預定的目標。改革要適度，要按部就班收攬民心，不可操之過急，否則必定失敗。

春秋時期，掌握鄭國朝政大權的臣子是子駟。當時大夫尉止與子駟素來不和，多生怨隙，便糾集了宗族內的一夥人伺機發動叛亂，一路打進宮廷之中，不但殺死了子駟等人，並將鄭簡公劫持到北宮軟禁了起來。

司徒子孔事先聽到風聲，及時與子產合作，一起平定了叛亂，殺死尉止等叛亂分子。從此，由子孔掌握鄭國朝政。

子孔製作盟書，規定當朝官員各守其位，聽從他的命令。由於他的命令過於專制，有些大夫和將領不肯順從，他便準備將他們除去。

子產大力勸諫他，請求子孔燒掉盟書，以維持國家安定。

但子孔堅決不同意，並說：「製作盟書才是爲了安定國家，只因爲大夥發怒就燒了它，那麼不就變成由大夥當政，而讓國家爲難了嗎？」

子產說：「衆人的憤怒著實不可冒犯，強制專權的願望必定難以成功。想把這兩件難辦的事結合在一起來安定國家，是很危險的，不如燒掉盟書來平撫衆怒。這樣一來，您能取得所需，大夥也能夠安定下來，不是很好嗎？要知道，觸犯了衆人的意願，是會發生禍亂。請您一定要考慮到大夫們的情緒，聽從他們的意見啊！」

子孔幾經考慮，終於聽從了子產的勸告，當衆燒掉盟書，經過這個政治動作，鄭國內政才漸漸安定下來。

看人用人厚黑智謀

子孔爲了避免大夫串連謀反的事件再度發生，所以決定設下諸多規定，以規範每一位官員的工作與權限，如有違反，則遭受處分，但是規矩制定得太過嚴格了，結果適得其反，引來眾怒。

或許子孔的立意良好，但是方法不恰當，出了差錯激起公憤，就很難達到預定的目標。所以子產才會勸諫他，先燒去盟書，攬握了人心再說，否則，一兩個臣子反對，可能還成不了大氣候，如果所有的大夫群起而反對，那麼國家反而更加動亂，豈不危險至極？

所以說改革要適度，要按部就班收攬民心，不可操之過急，否則必定失敗。

多行不義導致眾叛親離

只有心理保持自然平衡發展，才能實踐自己的理想，讓自己趨於成功，也才可能實現人生的真正目的。

春秋時，衛國第十三代君主衛桓公有兩個兄弟，一個是公子晉，一個是公子州籲。州籲仗著身懷武藝，見哥哥桓公老實軟弱，便企圖陰謀篡位。

西元前七一九年，衛桓公動身前往洛陽去參加周平王的喪禮，州籲則在西門外擺下酒席，為他送行。

他端著一杯酒，對桓公說：「今天哥哥出門，兄弟敬你一杯。」

「我很快就會回來，兄弟太費心了！」衛桓公也斟了一杯酒回敬。

說時遲，那時快，州籲趁桓公不備，突然拔出匕首，將衛桓公一刀殺死。

州籲殺了衛桓公，便即位做了衛國國君。他害怕遭到國內人民反對，便想藉對外打仗轉移百姓的注意，因而拉攏陳國、宋國、蔡國，一起出兵攻打鄭國。所幸鄭國嚴密防守，因此進攻以失敗告終。

魯國的國君魯隱公聽到這些情況後，有天便問大夫衆仲說：「州籲繼續這樣下去，能長久得了嗎？」

衆仲回答說：「州籲只知道依仗武力，到處興風作浪，老百姓必定不會擁護他。他的爲人又十分殘忍，濫殺無辜，誰還敢去親近他呢？不久之後，不但老百姓反對他，連親信的人也會逐漸離開他，他的政權又怎麼會長久呢？」

衆仲接著又說：「兵，就像火一樣。一味地用兵，而不知道節制收斂，結果必定是玩火自焚。依我看來，失敗的命運正等著他呢！」

果然，不到一年，衛國的老臣石碏，借助了陳國的力量，將州籲殺了。

日本心理學家池見酉次郎在他的著作《自我分析》一書中曾經這麼說道：「只有心理保持自然平衡發展，才能實踐自己的理想，讓自己趨於成功，也才可能實現人生的真正目的。」

當一個人良善的光明面遠遠大過於邪惡的黑暗面，他就是一個四處受人歡迎的好人，而當卑鄙下流的思考模式徹底壓制光明正大的念頭時，他就會是一個走到哪裡都惹人嫌惡的小人。

國家不安定，不努力思索治國之道，反而積極對外用兵，企圖扭轉人民的注意力，這是本末倒置的作法。

州籲多行不義，又依恃著武力四處進犯，惹得天怒人怨，百姓自然離心。動盪不安的社會，荒淫無道的國君，百姓生活得痛苦，心中氣憤無處可發，內亂自然就多了起來，內憂外患交相而至，國家當然岌岌可危。石碏借陳國軍隊殺盡昏君佞臣，可以說是州籲眾叛親離的下場。

勞民傷財勢必衰亡

身為一個領導者，只有讓別人相信他的夢想，認同它的遠景目標，而且願意與他一同奮鬥，他才有機會成功。

周朝末年，貪婪昏庸的周景王即位以後，爲了能多搜刮一些民脂民膏供自己享用，下令廢除了當時流通的小錢，重新鑄造一種大錢，命令人民更換大錢使用。

大夫單穆公勸諫他說：「大王，廢小錢，鑄大錢，物價波動劇烈，受到損失的是老百姓。老百姓窮困，國家能如何治理？」

可是周景王根本不聽，仍我行我素，從老百姓那裡擄掠到了一大筆財富。過了二年，他又再度爲了個人行樂，而下令把全國品質較好的銅器全收集起來，重新熔鑄，造了兩口大鐘。

單穆公又勸諫說：「大王，您兩年前鑄大錢、廢小錢，已使百姓受到很大的損失，現在又要造大鐘，不僅勞民傷財，而且用大鐘配樂，聲音也不會和諧啊！」

但周景王仍一意孤行，下令繼續鑄造。一年後，兩口大鐘鑄成了，一口命名爲「無射」，一口叫「大神」。

敲鐘的人爲了奉承景王，諂媚地說：「新鑄的大鐘，聲音非常好聽。」

周景王十分高興地命他敲擊，聽了之後，忍不住對司樂官州鳩說：「你聽，這鐘聲多和諧呀！」

州鳩深知景王此次鑄鐘爲百姓帶來了多少苦難，便回答說：「這算不得和諧。如果大王鑄鐘，天下的老百姓都爲這件事高興，那才算得上和諧。可是，您爲了造鐘，弄得民窮財盡，老百姓人人怨恨，所以我不知道這鐘好在什麼地方。俗話說：『眾志成城，眾口鑠金。』大家萬人一心，什麼事情都能辦成；相反，如果大家都反對，就是金子，也會在大家口中消鎔。」

通用公司總裁麥克．威爾許曾說：「優秀的領導人應該創造夢想，清晰明白地描述夢想，滿腔熱情地擁抱夢想，並且不屈不撓地將夢想實現。」因為，身為一個領導者，只有讓別人相信他的夢想，認同它的遠景目標，而且願意與他一同奮鬥，他才有機會成功。

周景王為了個人享樂，不惜浪費公帑，耗盡民脂民膏，任意更動幣制，使得貨幣的流通出現了混亂，而兌換貨幣的差價，也全數納入他口袋之中，無形中，人民不只損失了大量的錢財，還得適應諸多的擾民政策。兩口音韻不和諧，一點作用也沒有的大鐘，又是犧牲了多少人民的利益才造成的？不能體恤民苦，又如何能稱得上是賢君呢？

果然，人民對天子益發不信任，最後周朝王室不僅衰微，連派兵打仗都得向人民借錢，落得債台高築，毫無顏面可言。

全新白話編修版

Thick Black Theory

厚黑學

做人做事必須牢記的厚黑生存法則

完全使用手冊

Thick Black Theory

Thick Black Theory is a philosophical treatise written by Li Zongwu, a disgruntled politician and scholar born at the end of Qing dynasty. It was published in China in 1911, the year of the Xinhai revolution, when the Qing dynasty was overthrown.

做人做事篇

盧梭曾經寫道:

禽獸根據本能決定取捨,
而人類則通過算計來決定取捨。

人活在世上,不管做人或做事,難免要遭遇許許多多「人性習題」。
成功者並非比失敗者有腦筋,只不過他們面對「人性習題」,
取捨之時,比失敗者多了一點心機。

做人多一點有心機,並不是可恥的事,
重點在於如何將心機用在正確的時機。
行駛在人性高速公路上,「心機」絕對是讓你避免受重傷的「安全氣囊」。

Thick Black Theory is a philosophical treatise written by Li Zongwu, a disgruntled politician and scholar born at the end of Qing dynasty. It was published in China in 1911, the year of the Xinhai revolution, when the Qing dynasty was overthrown.

王照 編著

厚黑學完全使用手冊：看人用人篇

作　　者　王　照
社　　長　陳維都
藝術總監　黃聖文
編輯總監　王　凌
出 版 者　普天出版社
新北市汐止區康寧街 169 巷 25 號 6 樓
TEL / (02) 26921935 (代表號)
FAX / (02) 26959332
E-mail：popular.press@msa.hinet.net
http://www.popu.com.tw/
郵政劃撥 19091443 陳維都帳戶
總 經 銷　旭昇圖書有限公司
新北市中和區中山路二段 352 號 2F
TEL / (02) 22451480 (代表號)
FAX / (02) 22451479
E-mail：s1686688@ms31.hinet.net
法律顧問　西華律師事務所・黃憲男律師
電腦排版　巨新電腦排版有限公司
印製裝訂　久裕印刷事業有限公司
出 版 日　2018 (民 107) 年 12 月第 1 版
ISBN◉978-986-389-563-3　　條碼 9789863895633

國家圖書館出版品預行編目資料
厚黑學完全使用手冊：看人用人篇／王照著.—第 1 版.—：新北市,普天民 107.12 面； 公分. - (智謀經典；05) ISBN◉978-986-389-563-3 (平裝)

權謀經典
05

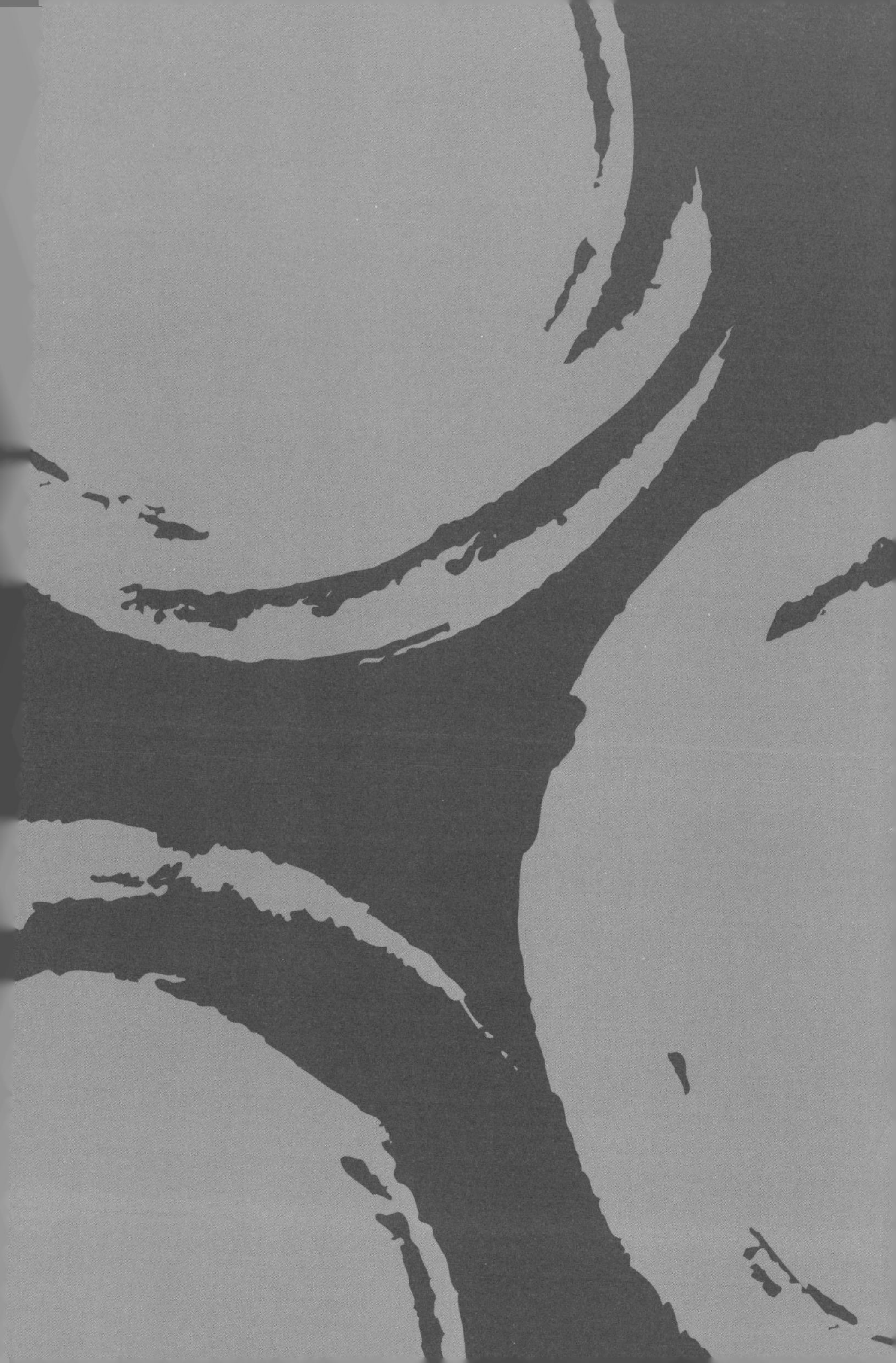